Adolf Kamphausen

Die Chronologie der hebräischen Könige eine geschichtliche Untersuchung

Adolf Kamphausen

Die Chronologie der hebräischen Könige eine geschichtliche Untersuchung

ISBN/EAN: 9783743627369

Hergestellt in Europa, USA, Kanada, Australien, Japan

Cover: Foto ©ninafisch / pixelio.de

Weitere Bücher finden Sie auf **www.hansebooks.com**

DIE CHRONOLOGIE

DER

HEBRÄISCHEN KÖNIGE.

EINE GESCHICHTLICHE UNTERSUCHUNG

VON

ADOLF KAMPHAUSEN,

DR. UND ORDENTL. PROF. DER THEOLOGIE IN BONN.

BONN

VERLAG VON MAX COHEN & SOHN (FR. COHEN)

1883.

MEINEN LIEBEN FREUNDEN

HEINRICH HOLTZMANN,
DR. UND ORD. PROF. DER THEOLOGIE IN STRASSBURG

UND

EDUARD RIEHM,
DR. UND ORD. PROF. DER THEOLOGIE IN HALLE

ZUR ERINNERUNG

AN

UNSER ZUSAMMENLEBEN ALS PRIVATDOCENTEN

IN HEIDELBERG

VOR FÜNF UND ZWANZIG JAHREN.

Vorwort.

Mitte Mai dieses Jahres sandte ich die folgenden Blätter unter der Aufschrift „Das Spiel der Zahlen in der Geschichte der hebräischen Könige" an die Redaction einer geachteten theologischen Vierteljahrsschrift ein, obgleich ich den von mir gewünschten baldigen und ungetheilten Abdruck einer so umfänglichen Arbeit in einer Zeitschrift kaum hoffen konnte. Vor die Entscheidung gestellt, ob ich ein halbes Jahr warten, oder die Abhandlung als selbstständiges Schriftchen erscheinen lassen wollte, zog ich das Letztere schon darum vor, weil ich zu meiner eigenen Belehrung meine Ansichten gerne der Prüfung weiterer Kreise unterbreiten möchte. Ausserdem denke ich, dass jeder gebildete Bibelleser, der sich für die Sache interessirt, diese geschichtliche Untersuchung ohne Mühe verstehen und sich ein mehr oder weniger selbstständiges Urtheil über die vorliegenden Erörterungen bilden kann.

In der Voraussetzung, dass der geneigte Leser den gewählten Titel als kurzes buchhändlerisches Schlagwort entschuldigen wird, genüge hier eine genauere Angabe des Inhalts und Zweckes meines Schriftchens. Ich suche nämlich einerseits den hohen historischen Werth darzulegen, welchen meines Erachtens die Masse der vom Hauptverfasser des biblischen Königsbuchs überlieferten Jahreszahlen besitzt, andererseits aber die Nichtigkeit des neuerdings von sehr angesehener Seite behaupteten Zahlenspieles zu zeigen, in welchem ich eine Ueberstürzung der neuesten alttestamentlichen Kritik erblicke. Im Interesse des Fortschritts der Wissenschaft habe ich den Versuch gemacht, Werth und Unwerth der Tradition und ihrer Kritik abzuwägen; in demselben Interesse bitte ich um schärfste Prüfung meiner Aufstellungen, der alten sowohl als der neuen.

Bonn, 6. Juni 1883.

Adolf Kamphausen.

1. Bernhard Stade hat von seiner „Geschichte des Volkes Israel," welche den sechsten Theil der ersten Hauptabtheilung der von Wilhelm Oncken im Verlage der G. Grote'schen Buchhandlung zu Berlin herausgegebenen Allgemeinen Geschichte in Einzeldarstellungen bilden soll, im Jahre 1881 zwei Hefte von zusammen 304 Seiten erscheinen lassen, die bis in Salomo's Regierung hineinreichen. Es versteht sich, dass ein Werk von Stade der Beachtung aller Fachgelehrten sicher ist. Ich hoffe aber, dass es nach seiner Vollendung durch eine zu erschwinglichem Preise käufliche Sonderausgabe auch dem grösseren theologischen Publikum zugänglich werden wird. Dann gedenke ich mich über die Vorzüge und Mängel, welche diese neue Geschichte des Volkes Israel meiner Meinung nach hat oder haben wird, öffentlich eingehend auszusprechen; vergl. meine kurze Bemerkung in H. v. Sybel's Histor. Zeitschrift 1882, S. 294. Hier möchte ich einen einzelnen, aber wichtigen Punkt hervorheben, in welchem ich gegen mit Recht angesehene theologische Kritiker den Vorwurf der Uebereilung aussprechen muss. Ich habe eine verhältnissmässig sehr günstige Ansicht von der Glaubwürdigkeit der biblischen Angaben über die Regierungszeit der hebräischen Könige gewonnen. Der Leser findet meine Ansicht zuerst dargelegt in der von Stade herausgegebenen Zeitschrift für die alttest. Wissenschaft (Giessen 1883, S. 193—202), sofern das zweite diesjährige Heft meinen Versuch einer Tabelle der Jahreszahlen v. Chr. enthält, welche meines Erachtens den einzelnen hebr. Königen aus Gründen historischer Wahrscheinlichkeit zukommen, und auch einige Bemerkungen zur Begründung dieser von den Aufstellungen Duncker's und Wellhausen's abweichenden Tabelle mittheilt. Indem ich mir eine

weitere Rechtfertigung dieser Abweichungen, als schon im Zusammenhang der hier folgenden Erörterungen gegeben sein wird, welche sich eigentlich alle um die wichtige Frage nach der Möglichkeit einer genauen Chronologie für die Jahrhunderte der hebr. Königszeit drehen, für einen andern Ort vorbehalte, möchte ich jetzt Einiges zur Sprache bringen, das vielleicht zur richtigen Beurtheilung des in den Königsjahrsummen bemerkten Zahlenspieles dienlich ist. In Stade's Geschichte, S. 95 f. lesen wir, nachdem auf die Gründe Wellhausen's für die Künstlichkeit der die Regierungsantritte betreffenden synchronistischen Angaben mit berechtigter Zustimmung hingewiesen worden ist, wie E. Krey in Hilgenfeld's Zeitschrift 1877, S. 404 ff. zuerst gesehen habe, dass auch die Zahlen der Regierungen und zwar sowohl die Gesammtsummen der Perioden der Königszeit als der Zahlen für die Einzelregierungen künstliche seien, dazu bestimmt in jenes System von Chronologie zu passen, wonach der Tempelbau die Zeit von der Ausführung aus Aegypten bis zur Rückführung aus dem Exile halbirt. Bekanntlich hat sich Wellhausen in Bleek's Einleitung, 4. Aufl., S. 264 und in seiner Geschichte Israels (Berlin 1878, S. 286 f.) ähnlich ausgesprochen, woran sich dann die noch mehr überraschenden Mittheilungen von W. Robertson Smith im Journal of Philology, Vol. X, p. 209—213 anschliessen, welche ich dem Leser nachher vorlegen werde. Es ist mir unbekannt, ob unter den Nicht-Theologen schon ein Historiker sich über die Tragweite dieses merkwürdigen kürzlich entdeckten Zahlenspieles näher (vgl. unten Nr. 16) geäussert hat. Da ich aber in Stade's Zeitschrift[1]) die von diesem und andern ebenso scharfsinnigen Theologen aus dem Zahlenspiele gefolgerte Unsicherheit der Chronologie der hebr. Könige ausdrücklich als eine beklagenswerthe Uebereilung bezeichnet habe, so liegt mir wol die Pflicht ob, meine Bedenken gegen Stade's Behauptung (Gesch. S. 97): „Ein solches Spiel der Zahlen ist nicht Erzeugniss des Zufalles sondern kunstmässiger Berechnung" der öffentlichen Beurtheilung zu unterwerfen.

---

[1]) Vergl. S. 201 meines vorhin angeführten kleinen Aufsatzes: „Neuer Versuch einer Chronologie der hebräischen Könige."

2. Jedermann kennt das neckische Wesen der Zahlen und weiss, dass die Finanzminister zuweilen durch ihre Berechnung der Zahlen des Staatshaushaltes zu Ergebnissen gelangen, welche nicht allen Abgeordneten einleuchten. Hat man aber den rechnerischen Künsten gegenüber die Wirklichkeit scharf ins Auge zu fassen, so ist's doch auch Jedem, der seinem Gedächtnisse beglaubigte Geschichtszahlen einzuprägen hatte, aus eigener Erfahrung bekannt, wie nützlich dem Einzelnen die von ihm selbst gefundenen, wenn auch an sich willkürlichen künstlichen Verknüpfungen werden können. Mit Vergnügen erinnere ich mich des umherreisenden Mnemotechnikers Hermann Kothe, der gleich manchem Andern (vgl. die Conversationslexika von Brockhaus oder Meyer s. v. Mnemonik) durch seine Leistungen ein nicht unberechtigtes Aufsehen erregte. Zum Beweise, wie leicht ähnliche Kunstgriffe innerhalb der Chronologie der hebr. Könige sich ergeben, nenne ich die wichtige Zahl 842 v. Chr., welches Jahr der Tributzahlung des Jehu an Salmanassar II. ich zugleich für das erste volle Regierungsjahr des Jehu und der Athalja halte. Nicht nur fällt die geometrische Progression der Zahlen 8, 4 und 2 ins Auge, sondern wir gewinnen auch durch Verdopplung von 4 und 2 sofort die herkömmliche Zahl für den Anfang von Jehu und Athalja, das durch die Assyriologie längst als irrig erwiesene Datum. Merken muss man sich ja 884 als die Zahl des alten Ussher (Annales Veteris Testamenti. Londini 1650), obgleich Niemand mehr mit ihm den 23. Oktober 4004 v. Chr. als ersten Tag der Welt betrachtet; nehmen doch z. B. noch Steiner s. v. Israel in Schenkel's Bibel-Lexikon III, 404 und Kleinert s. vv. Athalja und Jehu in Riehm's Handwörterbuch des Bibl. Altertums 884 als Anfangsjahr von Jehu und Athalja an, ohne dass uns solch einstweiliges Stehenbleiben beim Conventionellen ein Gegenstand grosser Verwunderung sein dürfte, wenn wir den geringen Grad der bisher auf diesem schwierigen Gebiete unter den Gelehrten erzielten Uebereinstimmung bedenken.

Stellen wir im Anschluss an die vorhin angeführte Behauptung Stade's die Alternative auf: „Entweder Zufall, oder kunstmässige Berechnung," so wird damit einerseits zugegeben, dass ein merkwürdiges zufälliges Zusammentreffen in vereinzelten

Fällen auch bei wirklichen Geschichtszahlen vorkomme, andererseits aber wird zugleich vorausgesetzt, dass dies zufällige Zusammentreffen ohne gekünstelte Berechnung leicht und deutlich wahrnehmbar sei. Wir könnten also die merkwürdige Rolle eine zufällige nennen, welche die in der Chronologie der Richterzeit so verpönte Zahl 40 nach den Thronwechseln von 1440, 1640, 1740 und 1840 in der Geschichte unserer Hohenzollern spielt; diese Wiederkehr der Zahl 40 auf geschichtlichem Boden bemerkt man auf den ersten Blick. Wie steht es nun aber mit dem Todestage Friedrich's des Grossen, dem 17. August 1786 = 17. 8. 86? Diese geschichtlich richtige Formel ist sowohl zufällig als auch künstlich, wie die Wiederholung der Ziffern sammt der Berechnung des August als des achten Monates zeigt. Freilich ist ein Unterschied zwischen dem Künstlichen als dem Gegensatze des Natürlichen und dem Kunstmässigen; folgt die Kunst den in der Natur gegebenen festen Normen, so verräth sich dagegen die Künstelei durch Verschrobenheit und Regelwidrigkeit, wie sie in der Unberechenbarkeit eines völlig willkürlichen Einfalls zu Tage tritt oder in dem Merkmale des Gesuchten, das jeder erzwungenen Verbindung ganz heterogener Elemente anhaftet. Im gegebenen Falle aber, wo es sich um das schlüpfrige Gebiet der Zahlen handelt, scheint mir eine reinliche Unterscheidung des Erkünstelten und Kunstmässigen ausserordentlich schwierig. Ich bemerke dies darum, weil ich nachher durch Beispiele aus der neuen und alten Geschichte zeigen möchte, dass Zahlenspielerei nicht nur auf dem Boden der überwiegend frei schaltenden, d. h. der nur wenig durch geschichtlichen Stoff gebundenen Erfindung möglich ist, sondern auch in nicht geringem Masse auf dem rauhen Boden der Wirklichkeit. Der Leser mag dann urtheilen, ob es mir gelungen ist, ähnliche Erscheinungen in der beglaubigten Profangeschichte nachzuweisen, wie das merkwürdige Zahlenspiel, welches auf ziemlich künstlichem Wege neuerdings in der biblischen Königsgeschichte entdeckt worden ist. Wirkliches Zahlenspiel oder zufälliges ungesuchtes Zusammentreffen muss, wie in aller beglaubigten Geschichte, so auch in derjenigen Israels vorausgesetzt werden; das angebliche Zahlenspiel der neueren Kritiker der hebräischen Königszahlen scheint mir zum grössten Theile eine sehr gesuchte

Zahlenspielerei zu sein, der es an fester²) Methode gebricht. Indem ich im Folgenden mit den Zahlenspielen, von welchen wol eher in mnemotechnischen, als in historischen Schriften eine mir übrigens unbekannte Sammlung existirt, in buntem Durcheinander die willkürlichsten Zahlenspielereien zusammenwerfe, wie man sie sich etwa zu mnemonischen Zwecken bildet, will ich zunächst nur im Allgemeinen den Eindruck hervorrufen, dass E. Krey und seine Nachfolger den Werth ihrer Entdeckung überschätzt haben; keineswegs aber will ich damit behaupten, dass die von mir mit bewusster Absicht gehäuften Willkürlichkeiten in jedem einzelnen Falle zutreffende Seitenstücke zu den von den genannten Kritikern schon gemachten Combinationen seien.

3. In Arn. Schaefer's Geschichtstabellen zum Auswendiglernen (15. Aufl., Leipzig 1880, S. 66) stehen nach den vorhin genannten Hohenzollern die französischen Regierungen verzeichnet. Da finden wir, dass die erste Republik 1792—1804 währte, also ein Dutzend Jahre, das erste napoleonische Kaiserthum 1804—1814 = 10 Jahre, Ludwig 18. wiederum 10 Jahre, nämlich 1814—1824, dann Karl 10. ein halbes Dutzend oder 1824—30, Ludwig Philipp anderthalb Dutzend oder 1830—1848,

---

²) Eine schwankende Methode ist eben nicht besser als gar keine. Ich kann mich dafür auf Wellhausen berufen, der für die neunte Auflage der Encyclopaedia Britannica, eines grossartigen Lexikons der Künste, Wissenschaften und allgemeinen Literatur (Vol. XIII, Edinburgh 1881, pg. 390—431) den in 17 sections eingetheilten Artikel Israel geschrieben hat, welchen W. Robertson Smith (The prophets of Israel and their place in history. Edinburgh 1882, pg. XIII) mit vollem Rechte very remarkable nennt. Da lesen wir am Schluss von section 16: „The Kabbâla, like all other methodized nonsense, had strong attractions for Christian scholars." Uebrigens wünsche ich dem wichtigen Artikel Israel, dessen neun erste Sectionen in der abgekürzten, als Manuscript gedruckten deutschen Gestalt, welche ich der Güte des Verfassers verdanke, 76 Seiten füllen, während die Sectionen 10—17 (pg. 417—431) die Geschichte der Juden vom J. 586 v. Chr. bis zum Mittelalter behandeln, auch in Deutschland die ernstlichste Beachtung. Enthält der Artikel auch Manches, das mir als Ueberstürzung erscheint, so bietet er doch für die alttestamentliche Theologie sehr viel Anregendes und Werthvolles; für die politische Geschichte Israels ist der Artikel weniger wichtig.

die zweite Republik ein Drittendutzend oder 1848—1852, endlich das zweite napoleonische Kaiserthum 1852—1870, wiederum anderthalb Dutzend. Die 7 Posten $12+10+10+6+18+4+18$ machen zusammen 78, so dass auf jeden rund 11 Jahre kommen. Wirklich finden wir 11 in den beiden ersten wieder ($12+10=22$ oder 2×11), in den beiden letzten ($4+18=22$) und in den sechs letzten ($66=6\times 11$). Neben der Zwölfzahl, der Verdopplung des mittelsten Postens, tritt aber auch die Zehnzahl unverkennbar hervor; denn sie bildet nicht nur den zweiten und dritten Posten, sondern sie steckt auch in $12+18=30$, in $10+10+6+4=30$ und in den drei letzten ($18+4+18$), welche die bedenkliche Zahl 40 ergeben. Auch an der 7 fehlt es nicht; wenigstens steckt sie in $10+4$, in $10+18$, also auch in $10+10+18+18$. Gewiss ist die Möglichkeit der Combinationen damit noch nicht erschöpft, und geschichtliche Scheingründe für das Zusammenschweissen der einzelnen Posten wären schon aufzutreiben; aber ich will lieber auf die vorhergehende Periode etwas näher eingehen.

Die ersten 5 Bourbonen regierten 203 (die Quersumme ist 5) Jahre oder 1589—1792, nämlich

Heinrich 4. regierte 1589—1610 oder 21 Jahre,
Ludwig 13. „ 1610—1643 „ 33 „
Ludwig 14. „ 1643—1715 „ 72 „
Ludwig 15. „ 1715—1774 „ 59 „
Ludwig 16. „ 1774—1792 „ 18 „

Summa 203 Jahre.

Fünf hintereinander folgende Könige regierten über 200 Jahre, also durchschnittlich jeder rund 40. Wer möchte das glauben, wenn die Geschichte ihn nicht lehrte, dass auf den dritten dieser fünf sein Urenkel folgte, auf den vierten sein Enkel. Da sich's um 8 Generationen handelt, so machen die 203 keine Schwierigkeit. Der Berühmteste dieser 5 Bourbonen ist der mittelste, denn Jedermann hat vom siècle de Louis XIV gehört; auch weil ihm sein Urenkel folgt, muss er recht lange regiert haben. Multipliciren wir die in der französischen Geschichte beliebte 12 mit ihrer Hälfte, so besitzen wir in 72 die Regierungsdauer dieses Königs. Die 72 müssten bedenklich erscheinen, wäre dieser Ludwig nicht als 5jähriges Kind auf den Thron gekommen, wie die Könige Juda's Jehoas und Josia mit 7 und 8 Jahren; so aber empfiehlt sich 77, das zudem 7×11 ist. Merkwürdig ist ferner das Geburtsdatum von Ludwig 14. sammt dem Tage seines Regierungsantritts mit seiner Namenszahl verflochten. Der 14. Ludwig nämlich ist am 5. des 9. Monats geboren, wie er auch im September starb; dagegen fällt der Antritt seiner glorreichen Regierung in den herrlichen Monat Mai des Jahres 1643, das 14 zur Quersumme hat, und zwar auf den 14. Mai 1643, an welchem sein Vater Ludwig 13. starb. Dieser dreizehnte Ludwig war es, der sich an unserm dreissigjährigen Krieg betheiligte; dem entspricht seine 33jährige Regierung. Klingt diese Zusammensetzung der 33 aus 3+30 etwas komisch, so sind die 33 Jahre der Regierung Ludwig's 13. sehr ernsthaft gemeint, denn sie beginnen am 14. Mai 1610 und enden sonderbarer Weise an demselbigen Tage des Jahres 1643. Trotz dieser 33 Regierungsjahre (3×11) brachte der gleich seinem Sohne im September geborene und unmündig auf den Thron erhobene 13. Ludwig sein Alter nicht viel über 40 Jahre, während der 14. nahe an die 80 kam. Der Vater des 13. oder Heinrich 4. regierte ein Dutzend Jahre weniger, nämlich (33−12=7×3) nur 21, da Ravaillac ihn ermordete; jedenfalls ist es beachtenswerth, dass der erste Bourbone grade 200 Jahre vor dem Ausbruch der französischen Revolution auf den Thron berufen wurde. Der durch diese Umwälzung gewaltsam entthronte fünfte Bourbone regierte anderthalb Dutzend Jahre, obwohl er nicht einmal 40 Jahre alt wurde. Die 18 Jahre von Ludwig 16. sind nur ein Drittel der 54, die den beiden ersten Bourbonen (21+33) gehören, erreichen aber mit ihnen zusammen (18+54) die 72 von Ludwig 14. Verdoppeln wir endlich 72 und ziehen 144 von der Summe 203 ab, so bleibt als Rest für Ludwig 15. die Zahl 59 übrig, welche ziemlich ungefügig zu sein scheint. Jedoch der Schein kann trügen. Sollte es nicht genügen, dass 59=77−18 ist, so brauchen wir nur an das Thier der Apokalypse uns zu erinnern und, unbekümmert um die Art, wie die Juden, insbesondre die französischen Juden, den Namen schreiben, es mit לודויג zu probiren. Dann erhalten wir die Zahlenwerthe 30+6+4+6+10+3, deren Summe unwidersprechlich 59 ist. Die Kehrseite dieses Scherzes ist die ernste Erinnerung an die vielen Selbsttäuschungen, welche sich an die Deutung der Stelle Offb. 13, 18 knüpfen. Wird nur die Hälfte des auf die Zahl 666 verwandten Scharfsinnes zur Durchstöberung der Zahlen des biblischen Königsbuches in Bewegung gesetzt, so müssen wir noch auf viele neue und seltsame Entdeckungen gefasst sein.

Damit auch ein Beispiel aus der beglaubigten alten Geschichte nicht fehle, so schlagen wir den babylonischen Regentenkanon des Ptolemäus auf, wie ihn z. B. Schrader, die Keilinschriften und das A. T., 2. Aufl. S. 490 (oder KAT¹ 332) mittheilt. Hier lesen wir eine stattliche Reihe von Nabonassar bis zum dritten Darius (in KAT¹ nur bis zu Nabonad, dem Vorgänger des Cyrus). Die ganze Reihe vom Jahre 747 v. Chr. an umfasst 416 Jahre. Ist das auch die Summe von dreissig einzeln aufgeführten und ganz gesicherten Posten, so gewinnen wir doch ebenso sicher die Gleichung 416=4×100 (oder 40×10) +4×4. Dreimal begegnet uns eine Regierungszeit von 4 Jahren, welche bekanntlich bei den hebr. Königen nirgends vorkommt; um so mehr stimmen die babylonischen Regenten mit den hebr. Königen in einem andern Punkte überein. Letzteres erwähne ich, weil Wellhausen (Bleek ⁴265) schreibt: „Wunderlich ist, dass man unter den Regierungssummen fast nie einer Dreissig begegnet;" gewiss, die 31 Jahre des Josia bilden den einzigen Fall. Trotz seiner Wunderlichkeit wird diese biblische Zahl in ihrer Isolirtheit wohl als historisch gelten müssen, da der babylonische Canon auch nur eine einzige Dreissig (Darius 1. 36 Jahre) aufweist, obgleich drei Zahlen über 40 (nämlich 43, 41, 46) in demselben vorkommen. Wunderlicher ist wol, dass wir der oben gefundenen Zahl des Bourbonen Heinrich 4. dreimal begegnen, bei Nabopolassar 625—605, Xerxes 485—465, Ochus 358—338; immer sind's 21 Jahre. Aber auch die runde Zahl 40 spielt im ptolemäischen Kanon ihre Rolle, wenn man sie nur zu finden weiss. Die ersten 12 Posten, unter denen sich 2 königslose Zeiten mit zusammen 10 (2+8) Jahren befinden, haben zur Summe 67 Jahre; dazu tritt als dreizehnter Posten Asaridin mit 13, was zusammen 80 gibt oder 2×40 Jahre. Zählen wir zu den 21 des Ochus die 19 des zweiten Darius hinzu, so gewinnen wir die 40 auf kürzerem Wege; dasselbe leistet die Verbindung des ersten Darius mit dem dritten Darius, da $36+4=40$ ist. Saosduchin (20), Nebukadnezar (43) und Nabonad (17) regierten zusammen wieder 80 Jahre (2×40). Beobachten wir aber die Reihenfolge der Könige, um den Schein der Willkür besser zu vermeiden, so ergeben z. B. Evilmerodach (2), Neriglossar (4), Nabonad (17), Cyrus (9) und Kambyses (8), zusammen abermals 40 Regierungsjahre. Doch es sei der Spielerei hiermit genug, da das Angeführte, welches ich auf's Gerathewohl zusammengelesen habe, für meinen nächsten Zweck wol ausreicht, wie gerne ich auch zugebe, dass bei sorgfältigerem Suchen sich auf dem Boden der beglaubigten Geschichte[*]) noch viel zahlreichere und viel überraschendere Beispiele wirklichen oder vermeintlichen Zahlenspiels finden liessen.

4. Gehen wir nun zu den hebräischen Königszahlen über, so ist anerkannt, dass wir infolge der Textlücke in 1 Sam. 13, 1 keine Ueberlieferung über die Dauer der Regierung Sauls besitzen. Gewiss soll dieser Mangel uns zur Warnung dienen, dass wir die Sicherheit der hebräischen Chronologie nicht überschätzen. Schon vor zwanzig Jahren konnte Keil in seinem

---

[*]) Wirft man die Fesseln der Geschichte durch die Annahme ab, dass auf einem für wesentlich ungeschichtlich gehaltenen Gebiete fast alle Zahlen fingirt seien, begiebt man sich also thatsächlich auf den Boden der frei dichtenden Zahlenspielerei, so eröffnet sich eine schier unendliche Fülle von Combinationen, denen sich mit leichter Mühe der Schein geschichtlicher Wirklichkeit geben lässt. Ich erlaube mir, für Freunde der Zahl 40 nur an 2 der bekannten Quadrate zu erinnern, die hier zur Raumersparniss in ungenauer Zeichnung erscheinen:

8	1	6
3	5	7
4	9	2

17	24	1	8	15
23	5	7	14	16
4	6	13	20	22
10	12	19	21	3
11	18	25	2	9

Von oben nach unten, von rechts nach links und in der Diagonale gewinnen wir hier immer dieselben Summen, bei dem kleineren Quadrat 15 (z. B. $4+5+6=15$), bei dem grösseren 65 (z. B. $11+12+13+14+15=65$). Nun aber machen $15+65$ die doppelte 40 aus; auf ganz bequeme Weise lässt sich also die grösste Abwechslung erreichen.

Biblischen Kommentar es als ziemlich allgemein erkannt bezeichnen, „dass Saul nicht 40 Jahre, wie Paulus Act. 13, 21 nach der in den jüdischen Schulen herkömmlichen Meinung angibt, sondern höchstens 20 bis 22 Jahre König war." Mit Recht sagt Max Duncker (Gesch. des Alterthums 5. Aufl. II S. 88): „Nahas von Ammon sitzt vor Sauls Wahl bereits auf dem Throne und regiert über Sauls und Isboseths Tod hinaus und dann noch ein Jahrzehnt neben David; es müsste diesem Nahas eine ungewöhnlich lange Regierung beigelegt werden, wenn Saul länger als 22 Jahre regiert hätte." Um der Unsicherheit willen, welche für Sauls Regierungsdauer immer bestehen wird, ziehe ich die runde Zahl 20 vor, halte mich aber aus geschichtlichen Gründen zu der Annahme berechtigt, dass seine Regierung nicht viel kürzer angesetzt werden darf. Noch viel weniger finde ich es statthaft, die ungefähre Richtigkeit der zweimal 40 Jahre des David und Salomo in Zweifel zu ziehen, und erinnere nur für Salomo's Regierungsdauer an die Notiz 1 Kön. 14, 21, wonach Rehabeam im Alter von 41 Jahren den Thron bestieg. Jedenfalls verdient es bemerkt zu werden, dass die hundertjährige (20+40+40) Dauer des ungetheilten Reiches trotz der runden Zahlen als eine wesentlich richtige Annahme bezeichnet werden kann; auf diese Periode nehmen denn auch Krey's zahlentechnische Entdeckungen keine nähere Rücksicht.

Da die Unterscheidung der zufälligen Zahlen von den kunstmässig berechneten schwerlich genügt, so unterscheide ich zwischen den durch Ueberlieferung und den durch Rechnung gewonnenen, um die Ueberlieferungszahlen einzutheilen in echte Zahlen, welche mit der geschichtlichen Wirklichkeit übereinstimmen, und in irrige Zahlen, welche mit der Geschichte streiten; von den Rechnungszahlen aber möchte ich die der Geschichte entsprechenden richtige Zahlen nennen, die ungeschichtlichen endlich falsche Zahlen. Die Angaben in 2 Sam. 5, 4. 5 besitzen durchaus das Gepräge innerer Wahrscheinlichkeit, welche dadurch nicht beeinträchtigt ist, dass $7^{1}/_{2}+33$ gleich 40 gesetzt werden. Dagegen liegt 2 Sam. 15, 7 offenbar eine irrige Zahl vor, und Wellhausen ist mit Keil und unzähligen Früheren darin einig, dass hier die 40 in 4 Jahre verbessert werden müssen. Da noch Luther mit jüdischen und christlichen Gelehrten den in 2 Sam. 15, 7 eingeschlichenen Irrthum nicht anerkennen wollte, so dürfen wir es als einen Fortschritt bezeichnen, dass heute selbst die orthodoxesten Theologen nicht mehr die Unantastbarkeit jeder einzelnen biblischen Zahl behaupten. Ich darf wol die Thatsache erwähnen, dass in den für die Revision von Luthers Uebersetzung zu Halle gehaltenen Conferenzen die Frage aufgeworfen wurde, ob nicht jene 40 in 4 umzuändern sei. Diese Frage wurde verneint, und zwar nicht nur darum, weil ein Abweichen von dem masorethischen Text, welchen Luther in seiner Randbemerkung (vgl. Bindseil's kritische Ausgabe der Lutherbibel VII. S. 495) mit Bewusstsein festhielt, überhaupt unräthlich erschien, sondern auch aus dem von sehr conservativer Seite geltend gemachten Grunde, dass es nützlich sei, wenn selbst der schlichteste Leser in der Volksbibel an 2 Sam. 15, 7 eine Stelle besitze, in welcher ihm ein Textfehler mit handgreiflicher Deutlichkeit entgegentrete.

Ich will nun mit Niemanden streiten, wenn er die je 40 Jahre für David und Salomo blos für richtige und nicht auch für echte Zahlen halten wollte, obgleich ich keinen Grund weiss, warum die Hebräer nicht schon unter David, der das Königthum fest gründete, mit der Rechnung nach Königsjahren angefangen haben sollten. Wenigstens einen Anfang solcher Rechnung wird man um so bereitwilliger recht früh ansetzen, je lieber man der Behauptung von Stade (Gesch. des V. Isr. S. 92) beistimmt, „dass eine andere (ebenfalls) im Alterthume weit verbreitete Art die Zeit zu bestimmen, die Rechnung nach der Amtsdauer bestimmter Beamten, wie sie sich in Rom (Consuln), Athen (Archonten), Sparta (Ephoren) und Assyrien (Eponymen) findet oder nach der Amtsdauer von Priestern und Priesterinnen, wie sie uns in Griechenland, in Aegypten, auf Cypern u. s. w. begegnet, im alten Israel niemals üblich war." Meines Wissens ist allgemein anerkannt, dass der Hauptverfasser des kanonischen Königsbuchs, obgleich er ein sehr ausgesprochenes Interesse für die kirchlichen oder religiösen Dinge besass, nur ein geringes für die politischen oder weltlichen Sachen, doch für die Regierungsdauer der einzelnen Könige

Zahlenangaben machen konnte, welche auf officielle Nachrichten zurückgehen. „Bei dieser Sachlage," so urtheilt Stade (Gesch., S. 91) mit gutem Grunde, „verschlägt es wenig, dass im alten Israel kein rechter Sinn für Genauigkeit in chronologischen Angaben vorhanden gewesen zu sein scheint, wie denn Amos 1, 1 noch nach dem grossen Erdbeben und erst Jeremias nach Königsjahren zählt. Man wird zudem voraussetzen dürfen, dass die im Alterthume so weit verbreitete Rechnung nach Königsjahren sicher weit früher auch in nichtoffiziellen Schriftstücken üblich war." Wie sehr wir es auch heute bedauern (vgl. Stade, Gesch. S. 76), dass der Verfasser so wenig Interesse für die politische Geschichte zeigt, dass er uns z. B. 1 Kön. 16, 27 hinsichtlich der tapfern Thaten des bei den Assyrern und Moabitern nachweislich berühmten Omri auf das Buch der Annalen der Könige von Israel verweist, so liegt doch gerade in diesem Klagen über die Dürftigkeit der vom Verfasser gemachten Mittheilungen, welche ihm den Namen des Epitomators eingetragen hat, ein für die biblische Geschichte werthvolles Zugeständniss. Man muss zugeben, dass der Epitomator aus den auf offiziellen Daten beruhenden beiden Werken, auf welche er den wissbegierigen Leser so häufig verweist, aus dem Buche der Annalen der Könige von Juda und dem Buche der Annalen der Könige von Israel uns sehr werthvolle Mittheilungen hätte machen können. Der Epitomator, der nach der richtigen Annahme auch von Wellhausen und Stade noch vor Eintritt des Exiles schrieb, hat uns viel Wichtiges vorenthalten; daraus folgt aber doch nur, dass wir die wenigen Zahlenangaben, die er uns mitgetheilt hat, nun um so mehr in Ehren zu halten haben. Ich wüsste nicht, warum die Jahreszahlen der hebräischen Könige, welche der vorexilische Epitomator des Königsbuches uns überliefert hat, weniger werthvoll sein sollten, als die Liste der tyrischen Könige von Hiram bis Pygmalion, welche Josephus aus dem Werke des Menander von Ephesus ausgezogen hat. Wie wir aber in der Schrift gegen Apion I c. 18 (vgl. die Ausgabe von J. G. Müller, Basel 1877, S. 135 ff.) freilich leicht zu verbessernde Abschreibefehler finden, ohne darum alle einzelnen Zahlen des Josephus für verdächtig zu halten, so müssen wir meines Erachtens von der Voraussetzung ausgehen, dass die von dem

Epitomator der nachexilischen Zeit überlieferten hebräischen Königszahlen der Mehrheit nach echte Zahlen gewesen sind, so dass zunächst nur die Möglichkeit einiger wenigen irrigen Zahlen durch die Leichtigkeit, mit welcher sich Fehler in solche Listen einschleichen, offen gehalten wird.

5. Ehe wir weiter sehen, dass wir ausser den wichtigen Angaben der Regierungsdauer für die einzelnen Könige beider Reiche dem Epitomator auch noch anderweitigen, aus guten Quellen geschöpften Ueberlieferungsstoff verdanken, der uns, wenn wir auch natürlich die Möglichkeit von Schreibfehlern vorbehalten, als historisch werthvoll erscheinen muss, wollen wir eine Tabelle der die Regierungsdauer angebenden Zahlen vorausschicken, für welche die Anführung der Belegstellen wohl überflüssig ist. Es sollen regiert haben

a) in Israel		b) in Juda	
Jerobeam I . . .	22 Jahre	Rebabeam . .	17 Jahre
Nadab	2 „	Abiam	3 „
Baesa	24 „	Asa	41 „
Ela	2 „		
Simri	7 Tage		
Omri	12 „		
Ahab	22 „	Josaphat . . .	25 „
Ahasja	2 „	Jehoram . . .	8 „
Joram	12 „	Ahasjahu . .	1 „
Sa. 98 Jahre 7 Tage.		Sa. 95 Jahre.	

Dass alle diese Könige, wie wir das in Nr. 3 bei Ludwig 13. von Frankreich fanden, genau bis auf den Tag die angegebene Zahl von Jahren regiert hätten, wird kein vernünftiger Mensch glauben. Eine gewisse Abrundung liegt also jedenfalls vor, da Bruchtheile von Jahren nicht in Rechnung kommen. Im Allgemeinen ist nicht daran zu zweifeln, dass M. v. Niebuhr, Wellhausen u. A. mit Recht annehmen, dass auch die alten Hebräer postdatirt (vgl. Gött. g. A. 1883, S. 454) haben, d. h. man benannte ein volles bürgerliches Jahr nur mit dem Namen des Königs, der zu Anfang desselben regierte, so dass, wenn ein neuer König auf den Thron kam, der in seine Regierung fallende Bruchtheil des Jahres zum letzten Jahre seines Vorgängers geschlagen wurde, worauf erst das folgende bürgerliche Jahr als sein erstes Regierungsjahr galt. Aber wir wissen nicht, in welcher Form das weitläufigere Buch der Annalen, aus welchem der Epitomator seine Excerpte entnahm, die doch schwerlich fehlenden genaueren Angaben über die Dauer der einzelnen Regierungen enthielt. Als ein Beispiel dafür, wie leicht durch das Abrunden der Jahre Irrthümer entstehen, erwähne ich die Bemerkungen Schürer's (Neutest. Zeitgeschichte. Leipzig 1874, S. 92 f.) über die Chronologie der Hasmonäer. Die beglaubigten Regierungszahlen lauten: Simon 143—135 v. Chr., Johannes Hyrkan 135—105, Aristobul I. 105—104, Alexander Jannäus 104—78 und Alexandra 78—69, so dass vom Tode Simons bis zum Tode der Alexandra 66 Jahre (135—69) verflossen; dagegen gibt Josephus an 3 verschiedenen Stellen für die Regierungen von Johannes Hyrkan bis Alexandra die einzelnen Zahlen 31, 1, 27 und 9, durch deren Addition wir 68 Jahre erhalten. Durch unberechtigtes Vollrechnen von Jahren ist hier die falsche Zahl 68 entstanden. Aehnlich wird sich's mit der Differenz der 98 israelitischen und 95 judäischen Jahre verhalten, welche übrigens dem Epitomator, der keine Veranlassung zu der Addition hatte, überhaupt nicht zum Bewusstsein gekommen sein kann; mir scheint, dass diese und die sogleich unter Nr. 8 zu besprechende noch grössere Differenz erst nach dem Untergange des Reiches Juda den Gelehrten Noth gemacht haben. Bekanntlich werden von der conventionellen Rechnung, welche 975 als erstes Jahr des Jerobeam I. und 884 v. Chr. als erstes des Jehu zählt, beide Zahlen, sowohl 95 als auch 98 für falsch erklärt und durch 91 ersetzt. Der vorsichtige Winer z. B. (RW. I, S. 619), der übrigens für Rehabeam und Abia statt der biblischen 17+3 ohne Noth 18+2 ansetzt, reducirt die 8 Jahre des Jehoram auf 4, indem er sich auf die historisch werthlose Hypothese einer Mitregentschaft des Jehoram stützt. Ich finde es ausreichend, wenn wir die 98 für falsch, dagegen die judäischen 95 für richtig halten, setze also den Rehabeam 937—921, Abiam 920—918 u. s. w.

6. Sind die 95 judäischen Jahre richtig, so müssen wir die durch Rechnung gefundenen 98 israelitischen um 3 verkürzen. Indem wir so das Gebiet der Hypothese betreten, folgen wir

nur dem Beispiele biblischer Vorgänger, welche sich auf das Rechnen verlegt haben, wenn sie auch wahrscheinlich zu ihrer Zeit, wie mir das Beispiel des zur Zeit Alexanders des Grossen schreibenden biblischen Chronisten zu beweisen scheint, von der hebräischen Geschichte noch etwas mehr wussten, als das, was wir heutzutage in dem Königsbuche und den Schriften der Propheten finden. Die erwähnten beiden Bücher der Annalen der Könige von Israel und Juda, welche vor dem Eintritt des babylonischen Exils (vgl. 2 Kön. 24, 5) noch vorhanden waren, sind später leider verloren gegangen; wir wissen aber nicht, wann sie verloren gingen. Leicht mag man Stade (Gesch. S. 76) Recht geben, wenn er behauptet, jene wichtigen Geschichtsbücher seien darum verloren gegangen, weil das Interesse der exilischen und nachexilischen Juden an der politischen Geschichte „genau so gross, wo nicht noch geringer war wie das des vorexilischen Epitomators"; aber wir dürfen uns nicht verhehlen, dass das Interesse des Chronisten für die ihm nicht als kirchliche am Herzen liegenden Dinge ein noch weit geringeres war. Zwar kann selbst der Chronist, dass ich einige Beispiele erwähne, das Vorgehen des Baesa gegen Asa (2 Chr. 16, 1 ff.) nicht verschweigen und schreibt 2 Chr. 13, 1 den richtigen, übrigens gar nicht zu verfehlenden Synchronismus, dass Abia im 18. Jahre Jerobeams I. König über Juda wurde, aus seiner Vorlage (1 Kön. 15, 1) einfach ab; im Ganzen aber ignorirt er bekanntlich die ketzerischen Könige des Nordreiches und hat es in seiner Kirchengeschichte nur auf die Reihenfolge der gesetzmässigen Könige zu Jerusalem abgesehen. Da müssen wir doch sagen, dass nicht nur der vorexilische Epitomator, der die Könige beider Reiche in bunter Reihe und zugleich in streng chronologischer Reihenfolge behandelte, sondern auch die exilischen oder vielmehr nachexilischen Synchronisten, welche sein Buch überarbeitet und sich die Mühe gegeben haben, die Differenzen zwischen den judäischen und israelitischen Jahren auszugleichen, noch mehr Sinn für die sogenannte politische Geschichte an den Tag legen. Wir müssen also wol mindestens die Möglichkeit zugeben, dass die jüdischen Gelehrten, welche dem Werke des vorexilischen Epitomators die jetzt vorliegende Gestalt gaben, indem sie ihre die Regierungsantritte betreffenden synchronistischen Zahlen berechneten, bei dieser Rechnung durch gewisse, wenn auch meist allgemein gehaltene geschichtliche Erinnerungen unterstützt oder gebunden waren, welche für sie aus einer uns nicht mehr zugänglichen schriftlichen oder mündlichen Ueberlieferung flossen. Wer wollte es nicht mit Freuden begrüssen, liesse sich der Beweis erbringen, dass die Synchronismen der Regierungsantritte, unter welchen sich wirklich richtige Angaben, z. B. der Antritt Jothams im zweiten Jahre Pekah's, finden, nicht lediglich aus Rechnung und noch für uns möglichen historischen Reflectionen hervorgegangen sind, sondern zum Theile auf echter Ueberlieferung beruhen? So viel ich aber bis jetzt sehen kann, ist es ein vergebliches Bemühen, für diese synchronistischen Zahlen einen höheren Werth, als den von Rechnungszahlen in Anspruch zu nehmen, die ja im Vergleiche mit den echten Ueberlieferungszahlen des Epitomators als historisch werthlos zu bezeichnen sind. Wellhausen hat in den Jahrbb. für Deutsche Theol. 1875 S. 606 ff. meines Erachtens zur Genüge gezeigt, „dass die Synchronismen auf der Combination eines Späteren beruhen." Ich betone hier nicht weiter, dass nach Ewald's Vorgang mehr als eine einzige spätere Hand von Wellhausen nachgewiesen worden ist; nur das sei kurz bemerkt, dass dieser Spätere nicht der vorexilische Epitomator selbst (Wellhausen a. a. O., S. 611. 613) gewesen sein kann, sondern Jemand, der die durch den Epitomator überlieferten Jahrsummen der einzelnen Regierungen vorfand, als gegebene Grössen respectirte und mit ihnen rechnete. Auch Stade (Gesch., S. 76) nimmt mit Recht an, dass die Zusammenschweissung der inchoativen mit der functionalen Bedeutung von מָלַךְ, nach welcher dies eine Wort zugleich „es ward König" und „es regierte" (vergl. z. B. 2 Kön. 14, 23) bedeutet, erst durch spätere Bearbeitung des Werkes des vorexilischen Epitomators geschah.

Indem Wellhausen die Zeit von der Reichsspaltung bis zum Falle Samaria's in die durch den gleichzeitigen Antritt des Jehu und der Athalja gebildeten zwei Perioden eintheilt und für jede derselben die Summen der Könige Israels mit den Jahren der gleichzeitigen Könige Juda's vergleicht, so wie umgekehrt die Summen der Könige Juda's mit den Jahren der gleichzeitigen Könige Israels, ergeben sich 4 verschiedene synchronistische Tabellen, welche der scharfsinnige Kritiker in sehr lehrreicher Weise besprochen hat. Ich muss mich hier auf die erste Tabelle beschränken, empfehle aber dem Leser ein sorgfältiges Studium des Aufsatzes: „Die Zeitrechnung des Buchs der Könige seit der Theilung des Reichs" im erwähnten 20. Bande der Jahrbücher für Deutsche Theologie; diese Arbeit Wellhausen's rechne ich trotz der ihr anhaftenden Irrthümer zu dem Bedeutendsten, was jemals über die hebräische Chronologie geschrieben worden ist. Für den ungenauen populären Sprachgebrauch, der die Termine in die Summen einrechnet, sei nur auf Mt. 12, 40 verwiesen, wo der erste Evangelist die 3 Tage und 3 Nächte des Jonas im Bauche des Fisches ohne Weiteres mit dem viel kürzeren Zeitraume vom Begräbniss Jesu bis zu seiner Auferstehung zusammenstellt. Aber ich möchte mich nicht mit Wellhausen auf solchen populären Sprachgebrauch beziehen, da auch wir von acht Tagen reden, wie die Franzosen von quinze jours, ohne solcher Ungenauigkeit der Rede einen Einfluss auf unsere Berechnungen zu gestatten; nur darum handelt es sich, ob Bruchtheile eines Jahres für ein volles Jahr gezählt, oder ob sie gar nicht mitgerechnet werden. Die auf den Belegstellen 1 Kön. 15, 25. 33; 16, 8. 15. 29; 22, 52; 2 Kön. 3, 1 ruhende erste Tabelle lautet nun also:

22 Jahre des Jerobeam = 1.—17. Rehabeams, 1.—3. Abia's, 1. und 2. Asa's,
2 „ „ Nadab = 2. und 3. Asa's,
24 „ „ Baesa = 3.—26. Asa's,
2 „ „ Ela = 26. und 27. Asa's,
12 „ „ Omri = 27.—38. Asa's,
22 „ „ Ahab = 38.—41. Asa's, 1.—17. Josaphat's,
2 „ „ Ahasja = 17. und 18. Josaphat's,
12 „ „ Joram = 18.—25. Josaphat's, 1.—8. Jeho-ram's, 1. Ahasjahu's.

Ungeachtet des Versehens, dass für Ahab statt 22 nur 21 Jahre gerechnet werden, liegt die hier angewandte methodische Technik mit unwidersprechlicher Deutlichkeit vor, so dass ich offen gestehe: wäre ganz dieselbe rechnerische Kunst in den Zahlen des Epitomators nachweisbar, so würde ich es leicht gerechtfertigt finden, dass Krey den israelitischen Königszahlen ebensowenig historischen Werth zuschreiben mochte, wie den für die 7 römischen Könige angesetzten. Wir finden nämlich in der obigen Tabelle, dass der Synchronist, um die 3 Jahre Ueberschuss der Zahl 98 fortzuschaffen, ganz mechanisch die judäischen Jahre als volle anrechnet, die israelitischen aber nicht. Das 22. Jahr Jerobeam's, das 1. und 2. Nadab's und das 1. Baesa's werden dem 2. und 3. Asa's gleichgesetzt, also 4 israelitische 2 judäischen. Ebenso stehen das 26. und 27. Asa's, sowie das 17. und 18. Josaphat's wieder je 4 israelitischen Jahren gegenüber. Durch die für den historischen Werth dieser Synchronismen verhängnissvolle Consequenz der Rechnung kommt es schliesslich dahin, dass die 12 Jahre Joram's 17 judäischen gegenüberstehen, nämlich dem 18.—25. Josaphat's und den 9 Jahren des Jehoram und Ahasjahu!

Bei den andern 3 Tabellen liegen die Sachen nicht so einfach, wie bei dieser ersten. Der Versuch ist noch nicht überall gelungen, „das bestimmte Verfahren aufzuzeigen, durch welches der Synchronist zu seinen Ergebnissen gekommen ist." Aber ich kann es nicht unbillig finden, wenn Wellhausen (S. 612. 620) die „den unberechenbaren Factoren individueller Willkür und Irrung" gegenüber so schwer zu erfüllende Forderung, dass man dem Synchronisten überall mit Erfolg nachrechnen müsse, als eine unberechtigte zurückweist und nicht diese Synchronismen der Regierungsantritte, sondern lediglich die Summen der Regierungsjahre als überlieferte Data in Betracht gezogen wissen will. Der hohe Werth der Arbeit Wellhausen's liegt in der gelungenen Beweisführung, dass den Regierungsjahren durchaus der Vorzug vor den Synchronismen gebührt, weil diese letzteren deutlich sich als harmonistische Ausgleichungsversuche zu erkennen geben, obgleich sie die aus der Incongruenz der überlieferten Regierungszahlen entspringenden Schwierigkeiten ganz vergeblich wegzuräumen suchen. Wenn Winer (RW. I, S. 618) noch meinte, die chronologische Untersuchung werde durch die Synchronismen trotz der in denselben nicht fehlenden Widersprüche erleichtert, so sehen wir uns jetzt genöthigt, die synchronistischen Angaben als blosse Rechnungszahlen zu betrachten und nur in den vom vorexilischen Epitomator überlieferten Zahlen für die Dauer jeder einzelnen

Regierung, welche wir als die Quellen der daraus abgeleiteten Synchronismen erkennen, echte Zahlen zu erblicken. Gelingt es auch nicht, durchweg das Räthsel der Entstehung der Synchronismen zu entwirren, so dürfen wir doch wol sagen, dass diese gewiss wohl gemeinten Versuche jüdischer Schriftgelehrten reichlich zur Verwirrung der hebr. Chronologie beigetragen und zu vielen ungeschichtlichen Hypothesen geführt haben.[4]) Wollen

---

[4]) Damit man mein abschätziges Urtheil über die geschichtswidrige Harmonistik der Synchronisten nicht ungerecht finde, muss ich doch einige wenige Belege aufführen. Dem System, das in der S. 23 mitgetheilten ersten Tabelle vorliegt, widersprechen die wol auf Vollrechnung der Jahre in beiden Reichen beruhenden Synchronismen 1 Kön. 16, 23 (1. Jahr des Omri = 31. des Asa) und 2 Kön. 1, 17 (1. Jahr des Joram = 2. des Jehoram). Die Thätigkeit einer andern Hand verräth sich auch in den Schlussworten von 2 Kön. 15, 30, wo für die Ermordung des Pekah durch Hosea das 20. Jahr des Jotham angegeben wird, der doch nach 2 Kön. 15, 33 nur 16 Jahre regierte. Keil hilft sich hier mit den klassischen Worten: „Statt des 4. Jahres des Ahas wird das gar nicht existirende 20. Jahr des Jotham genannt, weil in der Erzählung erst nachher von Jotham und Ahas die Rede ist." Jedermann kennt den harmonistischen Unfug, der mit der Annahme von Nebenregierungen getrieben worden ist, und ich habe mich in H. v. Sybel's Histor. Zeitschrift 1875, S. 387 ff. über die Unzulässigkeit dieses auch von dem Historiker Heinr. Brandes (Abhandlungen zur Geschichte des Orients im Alterthum. Halle, 1874) nicht verschmähten Universalschlüssels deutlich ausgesprochen. Aber erst Wellhausen hat klar erkannt, welche Bewandtniss es mit der merkwürdigen Stelle 2 Kön. 8, 16 hat, in welcher Luther die interpolirten Worte einfach wegliess, während ich sie in der jetzt folgenden Uebersetzung einklammere. Die Stelle lautet: „Und im 5. Jahre Joram's, des Sohnes Ahab's, des Königes von Israel (und .... Josaphat's, des Königs von Juda) ward Jehoram König, der Sohn Josaphat's, des Königs von Juda." Der Interpolator wollte 2 Kön. 8, 16 ausgleichen mit dem Synchronismus 2 Kön. 3, 1 (1. Jahr des Joram = 18. des Josaphat), nach welchem das 5. des Joram erst das 22. des Josaphat wäre. Da diesem Schriftgelehrten die 25jährige Dauer von Josaphat's Regierung mit Recht unantastbar feststand, so sagte er sich, dass der Synchronismus (5. des Joram = 22. des Josaphat) unmöglich richtig sein könne für die Thronbesteigung des Jehoram (2 Kön. 8, 16), ausser wenn dieser judäische Fürst schon mehrere Jahre mit seinem Vater Josaphat zusammenregierte. Das Jahr aber, in welchem vermeintlich Josaphat seinen Sohn zum Mitregenten angenommen, wagte der Interpolator noch nicht zu bestimmen,

wir aber nun, indem wir auf die vermeintliche Stütze der Synchronismen verzichten, nicht alles historische Fundament unter den Füssen verlieren und in noch wildere Hypothesen hineingetrieben werden, so müssen wir die Summen der Regierungsjahre nur noch mehr als überlieferte Data festhalten und als wirkliche Stützpuncte für die historische Forschung schätzen.

7. Folgen wir nun, um die 98 israelitischen Jahre um 3 zu verkürzen, wie ich zu Anfang von Nr. 6 sagte, dem Beispiele eines biblischen Vorgängers, so dürfen wir nicht mit dem Synchronisten die über das Ziel hinausschiessende Ausmerzung der zweijährigen Regierungen des Nadab, Ela und Ahasja vornehmen. Mit ziemlicher historischer Wahrscheinlichkeit glaubte ich aber, ehe ich noch den Aufsatz von Krey in Hilgenfeld's Zeitschrift gelesen hatte, das Ziel dadurch zu erreichen, dass ich in der Reihe der 95 dem Nadab nur Ein Jahr zuwies, dem Ela aber gar keines. Man mag das willkürlich nennen; aber es muss gekürzt werden, und über Hypothesen kommen wir hier nicht hinaus, obgleich durch den verhältnissmässig geringen Abstand der 98 von 95 schon verbürgt wird, dass wir uns hier auf historischem Boden befinden. Meine Gründe für Ela = 0 und Nadab = 1 Jahr sind folgende. Bei Ahasja, der durch den Fall aus dem Fenster einen frühzeitigen Tod fand, nach welchem in ruhiger Erbfolge sein Bruder Joram den Thron bestieg, liegt weniger Veranlassung zur Verkürzung vor, als bei Nadab und Ela, die gewaltsam und, als wol weniger bedeutend denn ihre thatkräftigen Väter Jerobeam und Baesa, wahrscheinlich nach kurzer Regierung das Leben verloren. Ich erinnere an Richard

---

sondern liess eine Lücke für dasselbe. Minder zaghaft haben dann Oppert, Brandes u. s. w. auf diese späte Interpolation ihre Behauptung einer Nebenregierung gestützt. Zum Schluss erwähne ich nur noch zwei von den vielen synchronistischen Widersprüchen: 1) nach 2 Kön. 15, 27; 17, 1 stehen die 20 Jahre des Pekah etwa 29 judäischen Jahren gegenüber, nämlich 52. Usia's, 1.—16. Jotham's und 1.—12. des Ahas; 2) nach 2 Kön. 16, 1; 18, 1 stehen den 16 Jahren des Ahas etwa 7 israelitische als Gleichzeitigkeit gegenüber, nämlich 17.—20. des Pekah und 1.—3. des Hosea. Mag aber das historische Urtheil über den Werth dieser Synchronismen noch so abschätzig lauten, jedenfalls haben sie das Verdienst, dass sie einen Zaun um die Regierungsjahre gebildet haben.

Cromwell, der allerdings in den beiden Jahren 1658 und 1659 als Protektor an der Spitze Englands stand, aber die im September durch Erbschaft erlangte Würde schon im April niederlegen musste. Es liegt in der Natur der Sache, dass Söhne von Usurpatoren leicht von ehrgeizigen Officieren aus dem Wege geräumt werden, wenn die jungen Gewalthaber sich der ererbten Herrschaft nicht vollkommen gewachsen zeigen. So glaube ich auch, dem Pekahja, dem Sohne des Usurpators Menahem, in der fortlaufenden Reihe nur 1 Jahr zuweisen zu dürfen, obgleich der Epitomator auf Grund geschichtlicher Angaben für denselben durch ungenaue Rechnung 2 Jahre ansetzt. Warum aber gebe ich vermuthungsweise dem Nadab ein volles Jahr, dem Ela nicht? Die Antwort liegt in den dürftigen Notizen des Königsbuches über diese beiden Herrscher. Nadab ist darnach doch wenigstens gegen die Philister ins Feld gezogen; von Ela erfahren wir im Grunde nur, dass er sich trunken zechte und dann todt geschlagen wurde, so dass man auf den Einfall kommen könnte, die 2 Jahre in 1 Kön. 16, 8 als einen Schreibfehler für 2 Monate anzusehen. Ich gewinne also mit Weglassung des Simri, dessen 7 Tage nicht in Betracht kommen, für die Regierungen von Jerobeam I. bis Joram die mir als wahrscheinlich geltenden Zahlen $22 + 1 + 24 + 0 + 12 + 22 + 2 + 12$, gleich 95 Jahren.

8. Führen wir jetzt die in Nr. 5 begonnene Tabelle der die Regierungsdauer angebenden biblischen Zahlen für beide Reiche weiter bis zum Schluss des Nordreiches, so erhalten wir ohne Schwierigkeit

a) in Israel für

Jehu	28	Jahre,
Joahas	17	„
Joas	16	„
Jerobeam II.	41	„
Sacharja	—	„ 6 Monate,
Sallum	—	„ 1 „
Menahem	10	„
Pekahja	2	„
Pekah	20	„
Hosea	9	„

Summa 143 Jahre, 7 Monate.

b) Eine Schwierigkeit macht für uns, seitdem wir durch die Assyriologie erfahren haben, dass Samaria allerdings im Jahre 722 v. Chr. erobert wurde, dass aber der ins 14. Jahr des Hiskia (2 Kön. 18, 13) gesetzte Zug des Sanherib im Jahre 701 stattfand, der nun zwischen 2 Kön. 18, 1. 9—12 und dem genannten dreizehnten Verse hervorgetretene Widerspruch. Wir müssen uns für die eine der beiden biblischen Angaben entscheiden, um die judäische Gleichzeitigkeit für den Fall von Samaria zu ermitteln, und die andere als falsch ansehen. Gewöhnlich nimmt man an, dass Hiskia's 6. Jahr in 722 v. Chr. falle, und ich zweifle nicht daran, dass 722 das 9. oder letzte Jahr des Königs Hosea ist. Ich gebe jedoch aus hier nicht näher zu erörternden Gründen[5]) mit Bunsen (vgl. die Einleitung zum Bibelwerk, Bd. 1), der nur Samaria's Eroberung falsch in 709 setzt, besonders mit Wellhausen u. A. der Gleichung von 2 Kön. 18, 13 entschieden den Vorzug, nehme also nach der echten Zahl des vorexilischen Epitomators für die 29jährige Regierung Hiskia's die Jahre 714—686 v. Chr. an.

Auch darin stimme ich Wellhausen bei, dass 715 oder das letzte Jahr des Ahas nicht dessen 16. Regierungsjahr war, wie Bunsen im Anschluss an die irrige biblische Angabe meint, sondern gleich dem 20. Jahre des Ahas angesehen werden muss; dagegen bemerke ich, dass die für die Regierungen von Hiskia bis Zedekia in Bunsen's Bibelwerk gegebenen, wie ich glaube, richtigen Zahlen identisch mit den von Wellhausen gefundenen sind. Ruht die Gleichung 701=14. Jahr Hiskia's auf der echten Zahl, so muss sich die andere oder 722=6. Jahr Hiskia's aus falscher Rechnung erklären. Wellhausen hat zwar mit Recht betont, dass man beim Rückwärtsrechnen von 586=11. Jahre Zedekia's nur durch künstliche Ueberspringung von 3 Jahren zu 722 als dem 6. Jahre des Hiskia gelangt, wenn man die biblischen Zahlen der Könige zu Grunde legt; wenn man aber bis auf unsere Tage für das Jahr 722 ein wunderbares Zu-

---

[5]) Der Versuch von W. Robertson Smith (The prophets of Israel, pg. 416 ff.), das vierte Jahr des Hiskia als Anfangsjahr der Belagerung von Samaria zu erweisen, ist sehr scharfsinnig, hat mich aber keineswegs überzeugt.

sammentreffen der assyrischen Documente mit der von ihnen sicher nicht beeinflussten jüdischen Chronologie hat finden wollen, so wird man die ja nur um wenige Jahre falsche Rechnung, die für den Untergang des Nordreiches das 6. Jahr des Hiskia als gleichzeitiges Datum ansetzt, den Gelehrten der nachexilischen Zeit schon zutrauen dürfen. Doch wir wollen jetzt die judäischen Zahlen bis zum 6. Jahr Hiskia's zusammenstellen. Nach den biblichen Angaben regierten:

Athalja . . .	6 Jahre,
Jehoas	40 ,,
Amazja	29 ,,
Asarja oder Usia	52 ,,
Jotham	16 ,,
Ahas	16 ,,
Hiskia . . .	6 ,,

Summa 165 Jahre, also über 21 Jahre mehr, als für die gleichzeitigen israelitischen Könige angegeben ist.

c) Zu den 95+165=260 judäischen Jahren kommen schliesslich für die Zeit von dem 7. Jahre Hiskia's bis zum 11. Zedekia's noch folgende biblischen Angaben hinzu, wenn wir die je 3 Monate des Jehoahas und Jechonja als nicht mitzählend ausser Acht lassen:

Hiskia . .	23 Jahre,
Manasse . .	55 ,,
Amon . .	2 ,,
Josia . . .	31 ,,
Jojakim . .	11 ,,
Zedekia . .	11 ,,

Summa 133 Jahre, so dass nach den biblischen Zahlen der Zeitraum von der Reichsspaltung bis zur Zerstörung Jerusalems oder die ganze Dauer des Reiches Juda 260+133=393 Jahre währte.

9. Müssen wir nach den gesicherten Ergebnissen der Assyriologie für die grössere letzte Periode des Nordreiches von 842—722 nur 121 Jahre rechnen, so liegt es auf der Hand,

dass die israelitische Reihe mit ihren 143 Jahren um 22 Jahre zu lang gerathen ist. Von hohem Interesse aber ist der Umstand, dass die zu lange israelitische Reihe durch die judäische wiederum um etwa 22 Jahre überboten wird. Ohne weitere Begründung gebe ich kurz an, wie ich die ungeschichtlichen überschüssigen Jahre glaube vertheilen zu müssen. Im Nordreiche ist, wie schon in Nr. 7 gesagt wurde, ohne Annahme eines Schreibfehlers dem Pekahja 1 Jahr zu streichen; dagegen ändere ich die biblischen Zahlen für Menahem und Pekah, 10+20 (=30), um in 3+6 (=9) Jahre, gewinne also die an den 22 noch fehlenden 21 oder 30−9 durch die Annahme, dass die 10+20 irrig oder falsch sind. Die über die historische Dauer der Zeit von der Reichsspaltung bis zum Untergange des Nordreiches überschiessenden 44 judäischen Jahre zerlegen sich in folgende Posten: 1) gehen von den 44 ab die 6 ersten Jahre des Hiskia, da ja Samaria's Eroberung vor die Regierungszeit des Hiskia, nämlich in das 13. Jahr des Ahas zu setzen ist; 2) weiter gehen ab das 14.—16. Jahr des Ahas, welche nach der biblischen Zahl als die 3 letzten Jahre des Ahas erscheinen; 3) von den geschichtlichen 16 Jahren Jothams regierte er nur ein einziges nicht als Vertreter seines aussätzigen Vaters, sondern als wirklicher König, so dass die 15 Regentenjahre Jothams wegfallen; endlich sind dem Amazja und Asarja je 10 Jahre zu streichen, so dass 6+3+15+10+10 die Summe der zu viel gerechneten 44 Jahre ausmachen. Es sind also im Grunde nur 6 Correcturen der Zahlen des Epitomators, die ich aus Rücksicht auf die chronologisch gesicherten assyrischen Gleichzeitigkeiten[*]) nöthig gefunden habe, bei den 2 israelitischen Königen Menahem und Pekah, sowie bei den 4 judäischen Königen Amazja, Asarja, Ahas und Manasse; in 3 von diesen 6 Fällen (Amazja, Asarja, Manasse) waren immer 10 Jahre zu streichen. Während die Regierungszahlen aller übrigen hebr. Könige als echte, vom Epitomator überlieferte anzuerkennen sind, erhebt sich in den

---

[*]) Auch Wellhausen in seinem grossen Artikel Israel (a. a. O. pg. 431 b) erkennt an: The Assyrian inscriptions are of decisive importance for the chronology.

6 Fällen, wo sich die biblischen Zahlen uns als ungeschichtliche erweisen, die Frage, ob hier irrige oder falsche Zahlen vorliegen. Wie die irrige Verwechslung der 15 Regentenjahre Jothams mit wirklichen Königsjahren sehr nahe lag, so wird auch in den genannten 6 Fällen unbewusster Irrthum mitgewirkt haben, obgleich falsche Rechnung, die dann natürlich bona fide geschah, nicht von vorne herein ausgeschlossen werden darf. Bei der grossen Zahl der judäischen und israelitischen Könige halte ich es für ein sehr günstiges, in hohem Grade für den historischen Werth der Zahlen des Epitomators zeugendes Ergebniss, dass sich uns im Ganzen nur 6 Regierungszahlen als ungeschichtliche herausgestellt haben. Wir wissen nicht, ob der Epitomator statt dieser 6 lauter echte Zahlen gab; schon in der Vorlage des Epitomators können sich einzelne Schreibfehler befunden haben, wie die Vervielfältigung des Werkes des Epitomators durch Abschriften nicht leicht ohne allen Irrthum vor sich gehen konnte, so dass die schliesslichen Bearbeiter wol öfters unter verschiedenen Zahlen, die ihnen vorlagen, eine Wahl treffen mussten. Jedenfalls halte ich es für eine Frage von verhältnissmässig untergeordneter Bedeutung, ob in ein paar Fällen die Zahlen des vorexilischen Epitomators später durch falsche Rechnung eine Abänderung erfahren haben. Sollten wir dies wirklich zugeben müssen, was ich unbedenklich thue, so kann ein solches Zugeständniss m. E. nur unter Verkennung der Grundsätze gesunder Geschichtsforschung zur Verdächtigung der grossen Masse der Zahlen des Epitomators gebraucht werden. Während der vorexilische Epitomator sich mit Additionen der Zahlen überhaupt nicht befasst hat, mussten den Synchronisten die recht handgreiflichen Differenzen zwischen beiden Königsreihen ein Gegenstand grosser Mühe und Sorge werden; wir wissen auch, dass ihnen die Ausgleichung der Differenzen nur übel gelungen ist. Aber ich möchte doch betonen, dass die blosse Existenz dieser Differenzen und der Umstand, dass dieselben uns noch heute klar erkennbar vor Augen stehen, für die geschichtliche Treue der Ueberlieferung ausserordentlich schwer ins Gewicht fallen. Ich habe meinen Versuch einer historisch wahrscheinlichen Herstellung der hebr. Königsjahre natürlich mit vollem Bewusstsein als einen blossen „Versuch"

bezeichnet,¹) wie sehr ich auch wünsche, der Wahrheit näher gekommen zu sein, als meine Vorgänger, deren Verdienste ich nicht verkennen möchte. Das aber muss ich sagen, dass ich ganz unabhängig von dem neuerdings entdeckten „Zahlenspiel" meine Aufstellungen gewonnen habe und mich darum berechtigt glaube, die von mir für geschichtlich gehaltenen hebr. Jahrsummen gelegentlich auch einmal darauf anzusehen, wie sie

---

¹) Zur Bequemlichkeit des Lesers theile ich meine in Stade's Zeitschrift eben veröffentlichte Tabelle der hebr. Königszahlen hier mit:

Saul regierte 1037—1018 v. Chr.

In Juda regierte David 1017—1011, eben so lange über Israel Isboseth.

David . . 1010—978,
Salomo . . 977—938,

Rehabeam	937—921,	Jerobeam I.	937—916,
Abiam	920—918,	Nadab	915—914,
Asa	917—877,	Baesa	914—891,
		Ela	891—890,
		Simri	890
		Omri	890—879,
Josaphat	876—852,	Ahab	878—857,
Jehoram	851—844,	Ahasja	856—855,
Ahasjahu	843,	Joram	854—843,
Athalja	842—837,	Jehu	842—815,
Jehoas	836—797,	Joahas	814—798,
Amazja	796—778,	Joas	797—782,
Asarja oder Usia	777—736,	Jerobeam II.	781—741,
		Sacharja, Sallum	741,
Jotham als Regent	750—736,	Menahem	740—738,
		Pekahja	737—736,
Jotham als König	735,	Pekah	736—730,
Ahas	734—715,	Hosea	730—722.
Hiskia	714—686,		
Manasse	685—641,		
Amon	640—639,		
Josia	638—608,		
Jehoahas	608,		
Jojakim	607—597,		
Jechonja	597,		
Zedekia	596—586.		

sich zum Zahlenspielen verhalten. Nachdem ich am Ende von Nr. 7 die wahrscheinlichen Zahlen von Jerobeam I. bis Joram zusammengestellt habe, lasse ich jetzt die übrigen folgen, um eine kurze bequeme Uebersicht zu geben. Nach Abzug der 95 von 216 als der Gesammtdauer des Nordreichs (937—722 v. Chr.) vertheilen sich die übrigen 121 auf die einzelnen Posten folgendermassen: 28 (Jehu) + 17 (Joahas) + 16 (Joas) + 41 (Jerobeam II., in dessen letztes Jahr Sacharja und Sallum fallen) + 3 (Menahem) + 1 (Pekahja) + 6 (Pekah) + 9 (Hosea). Die Gesammtdauer der judäischen Regierungen, nach den biblischen Angaben 393 Jahre, beträgt von 937 bis 586 nur 352 Jahre, von welchen nach Abzug der richtigen 95 Jahre von Rehabeam bis Ahasjahu (17+3+41+25+8+1) noch 257 übrig bleiben, die sich aus folgenden Posten ergeben: 6 (Athalja) + 40 (Jehoas) + 19 (Amazja) + 42 (Usia) + 1 (Jotham) + 20 (Ahas) + 29 (Hiskia) + 45 (Manasse) + 2 (Amon) + 31 Josia + 11 (Jojakim) + 11 (Zedekia).

10. Gehen wir jetzt kurz auf den im Anfang von Nr. 5 erwähnten wichtigen Ueberlieferungsstoff ein, welchen wir dem Epitomator ausser den Angaben der Regierungsdauer noch zu verdanken haben, so ist neben dem Namen der Mutter des judäischen Königs zunächst sein Alter beim Regierungsantritte zu nennen. Warum bei den israelitischen Königen der Muttername und die Altersangabe fehlen, darüber können wir nur eine Vermuthung aussprechen. Wahrscheinlich haben die Königinnen-Mütter (vgl. 1 Kön. 15, 13) in der Dynastie der Isaiden eine viel bedeutendere Rolle gespielt, als im Nordreiche, wo eine Dynastie die andere verdrängte, so dass seltener der Sohn dem Vater in der Regierung folgte, wo auch die Mütter der Emporkömmlinge, welche als fertige Männer in der Geschichte auftraten, wol nur weniger Interesse erregen konnten. Wir wissen auch nicht, wie die Mütter des Saul und des David hiessen. In der genealogischen Uebersicht von David's Königshaus, welche ich in Bunsen's Bibelwerk I, S. CCCXVIII gegeben habe, fehlen nur bei Josaphat und Jotham die Namen der Frauen, weil wir nicht wissen, wie die Mütter des Jehoram und Ahas hiessen. Ich denke, dass diese 2 Namen im Buche der Annalen nicht fehlten, nehme also an, dass der Epitomator, der

sich die Notizen sonst aus seiner Quelle zusammensuchte, dies 2 Kön. 8, 17; 16, 2 durch eine gewisse Nachlässigkeit versäumt hat. Uebrigens sind die vielen Namen der Königinnen-Mütter wieder ein schwerwiegendes Zeugniss für die Echtheit des Ueberlieferungsstoffes, der dem Epitomator vorlag. Eigennamen lassen sich nicht durch Rechnung finden, und noch Niemand ist auf den Einfall gekommen, dass diese Frauennamen künstlich gemachte seien; so gut diese Eigennamen historisch sind, ebenso gut können es die Zahlen der Regierungsdauer sein. Wahrscheinlich hätte der Epitomator auch für manche, wenn nicht die meisten israelitischen Könige aus seiner Quelle die Altersangaben bei dem Regierungsantritt mittheilen können, hätte er sich überhaupt für solche Dinge mehr interessirt; er verliert ja über viel wichtigere Dinge, z. B. den Sythenzug, kein einziges Wort. Es ist nun ein grosses Glück, dass uns der Epitomator wenigstens das Alter der judäischen Könige beim Antritt nicht vorenthalten hat. Zwar meint Wellhausen (Bleek ⁴241, Note 1), das Alter sei „bei Abia und Asa*) nicht von ungefähr ausgelassen"; aber ich weiss einen Grund für diese Auslassung als eine absichtliche nicht zu finden, sondern nehme hier dieselbe Art von Nachlässigkeit an, welche uns die Mütter von Jehoram und Ahas nicht namhaft gemacht hat. Einen Grund, warum ich die Altersangaben nicht für echte Zahlen halten sollte, vermag ich schlechterdings nicht ausfindig zu machen. Künstliche Berechnung wäre ja doch hier ganz zwecklos gewesen. Natürlich müssen wir für die Alterszahlen wieder die Möglichkeit unabsichtlichen Irrthums vorbehalten; das Vorhandensein einiger Schreibfehler, einiger irrigen Zahlen kann den hohen Werth nicht aufheben, welche die grosse Mehrheit der echten Zahlen für die Controle der die Regierungsdauer betreffenden Jahreszahlen besitzt.

Stellen wir kurz alle Altersangaben mit den Zahlen der Regierungsdauer zusammen. Die Addition beider, welche vom Epitomator nicht vollzogen wird, ergibt uns die von den einzelnen judäischen Königen erreichte Lebensdauer, sofern der Tod der Re-

---

*) Ich verstehe auch nicht, warum Asa ein Sohn des Rehabeam sein soll, wie Wellhausen in seinem englischen Artikel Israel pg. 406a (S. 34 des deutschen Drucks) ihn nennt.

gierung ein Ende machte. Die Alterstabelle gestaltet sich demnach also:

		Alter beim Antritt	Dauer der Regierungszeit		Gesammte Lebenszeit
1 Kön. 14, 21	Rehabeam	41 Jahre	+ 17	=	58 J.
	Abiam	?	3		?
	Asa	?	41		?
1 Kön. 22, 42	Josaphat	35	+ 25	=	60
2 Kön. 8, 17	Jehoram	32	+ 8	=	40
2 Kön. 8, 26	Ahasjahu	22	+ 1	=	23
2 Kön. 12, 1f.	Jehoas	7	+ 40	=	47
2 Kön. 14, 2	Amazja	25 + (19 = 44)	29	=	54 *
2 Kön. 15, 2	Usia	16 + (42 = 58)	52	=	68 *
2 Kön. 15, 33	Jotham	25	+ 16	=	41
2 Kön. 16, 2	Ahas	20 + (20 = 40)	16	=	36 *
2 Kön. 18, 2	Hiskia	25	+ 29	=	54
2 Kön. 21, 2	Manasse	12 + (45 = 57)	55	=	67 *
2 Kön. 21, 19	Amon	22	+ 2	=	24
2 Kön. 22, 1	Josia	8	+ 31 J.	=	39
2 Kön. 23, 31	Jehoahas	23	+ 3 Monate		?
2 Kön. 23, 36	Jojakim	25	+ 11 J.	=	36
2 Kön. 24, 8	Jechonja	18	+ 3 Monate		?
2 Kön. 24, 18	Zedekia	21	+ 11 J.		?

Wie alt Zedekia wurde, wissen wir aus Jer. 52, 11 nicht; es genügt uns, dass er, 32 Jahre alt, entthront wurde. Jechonja ist nach 2 Kön. 25, 27 mindestens 55 Jahre alt geworden. Wie lange der entthronte Jehoahas noch in Aegypten (vgl. Jer. 22, 12) gelebt hat, ist unbekannt. Schwerlich hat einer dieser drei Könige gleich ihrem Ahnherrn David 70 Jahre erreicht. Die andern 3 unter den 6 letzten Königen Juda's, welche alle 6 durch Gewalt den Thron verloren, starben eines gewaltsamen Todes und wurden zusammen (24+39+36 = 99) noch nicht einmal hundert Jahre alt. Allerdings sind wir über das ohne Zweifel schimpfliche Ende Jojakims nicht genauer unterrichtet; die Formel aber, dass er sich zu seinen Vätern schlafen legte, schliesst den gewaltsamen Tod so wenig aus, als bei Ahab (1 Kön. 22, 40), und die wiederholten Drohungen des Propheten (Jer. 22, 19; 36, 30) müssen sich irgendwie erfüllt haben. Auch nach den biblischen Angaben der Regierungsdauer bleiben die vier mit einem Sternchen bezeichneten Zahlen immer unter 70; die von mir für richtig gehaltenen Zahlen sind hier in Klammern vorangestellt. Hätte Manasse mit 67 Jahren einen 22jährigen Thronfolger hinterlassen, so würde er bei der Geburt seines Sohnes Amon 45 Jahre alt gewesen sein, was der grosse Historiker Niebuhr mit Recht nicht sehr wahrscheinlich fand. Diesen Nebengrund für die Reduction der biblischen Zahl 55 auf 45 kann man nicht dadurch entkräften, dass man auf Hiskia's Alter von 42 Jahren (54—12) bei der Geburt des Manasse sich beruft, wie dies der Sohn des grossen Niebuhr gethan hat. Es fragt sich eben, ob dies Alter von 42 Jahren nicht auf einer irrigen Zahl beruht. Bekanntlich gibt der Chronist, der sich auf unser kanonisches Königsbuch stützt, im Ganzen dieselben Zahlen für das Alter beim Antritt und für die Regierungsdauer, welche das Königsbuch bietet. Nur eine geringe Differenz besteht in den Regierungszahlen, sofern 2 Chron. 36, 9 dem Jechonja über die 3 Monate hinaus noch 10 Tage zugeschrieben werden, und Bertheau hält diese hundert Tage, für welche man an die Cent-Jours Napoleons vom 20. März bis 28. Juni 1815 erinnern kann, trotz der runden Zahl für historisch, wie denn an der Geschichtlichkeit der grade hundert Jahre vom Antritt des Manasse bis zu Zedekia's Entthronung (685 — 586) m. E. nicht zu zweifeln ist. Für wichtiger halte ich die beiden Differenzen in den Angaben des Alters beim Antritt, nicht weil man mit Bertheau zu 2 Chron. 36, 9 wiederum die 8 Jahre der Chronik den 18 Jahren des Königsbuches vorziehen kann, sondern darum, weil 2 Chron. 22, 2 in den 42 Jahren, welche Ahasjahu beim Antritt gezählt haben soll, ein aus 2 Kön. 8, 26 in 22 J. zu verbessernder Schreibfehler vorliegt, der jetzt wol allgemein als irrige Zahl anerkannt ist. Darnach sind irrige Zahlen unter den echten Angaben des Alters auch im Königsbuch von vornherein nicht ausgeschlossen. Die Alterszahl 25 bei Hiskia ist mir aus verschiedenen Gründen verdächtig, einmal wegen ihres viermaligen Vorkommens, nämlich auch bei Amazja, Jotham und Jojakim, dann aber und hauptsächlich darum, weil sie nach vorne und nach hinten Schwierigkeiten hervorruft. Das 4malige Erscheinen der 25 in den Alterszahlen ist jedenfalls auffälliger, als das 4malige Erscheinen der 1 unter den geschichtlichen Regierungsjahren der 39 Könige des Reiches Israel (19) und Juda (20), vgl. unten Nr. 12, b; unter den 4 Königen Ahasjahu, Jotham, Nadab, Pekahja starben ja 3 eines gewaltsamen Todes. Bei der biblischen Regierungszahl 16 für Ahas wäre dieser Vater des Hiskia im Alter von 36 Jahren gestorben, indem er den 25jährigen Sohn als Thronfolger hinterliess. Diese Schwierigkeit wird etwas gemindert, wenn für Ahas 20 sowohl die Regierungszahl ist, als auch die Alterszahl, weil dann die Differenz zwischen der geschichtlichen, dennoch aber leicht anstössig erscheinenden Zahl 40 (=20+20) und 25 doch auf 15 Jahre steigt, während die Differenz 11 ganz unannehmbar erscheint. Da nun des Hiskia Alterszahl 25 auch, wie oben bemerkt, für 12 als Alterszahl des Manasse recht unbequem ist, so möchte ich 25 als Schreibfehler für 15 ansehen; ist 15 richtig[9]), so stand Ahas im Alter von 25 Jahren, als ihm Hiskia geboren wurde, Hiskia im Alter von 32 Jahren (44—12), als er Vater des Manasse wurde. Die sämmtlichen übrigen Alterszahlen möchte ich als echte Zahlen ansehen, da sie sich m. E. durch innere historische Wahrscheinlichkeit empfehlen.

---

[9]) Die Annahme, dass Hiskia 714 v. Chr. als 15jähriger Jüngling auf den Thron kam, scheint mir für das Verständniss seiner Geschichte werthvoll zu sein. Einerseits begreift sich so der religiöse Einfluss des Jesaja, durch den es alsbald zur Cultusreform kam, der dritten, wenn wir die unter Asa und Josaphat als erste, dann die unter Jehoas als zweite zählen. Ich halte die Notiz 2 Kön. 18, 4 trotz Wellhausen und Stade für historisch; nur müssen wir die Abschaffung der hier genannten 4 Dinge, in welchen Ewald (Gesch. ³III, 669) mit Recht Reste von altisraelitischem Jahve-Cultus erblickte, auf Jerusalem beschränken, mag auch diese Beschränkung in 2 Kön. 18, 22 nicht mehr deutlich durchschimmern, vgl. 2 Kön. 21, 3. Jer. 11, 13. Andererseits verstehen wir dann besser, wie Hiskia, der wol stets ein treuer Vasall des Sargon (+ 705 v. Chr.) blieb, auch erst unter Sanherib Jerusalem (vgl. 2 Chron. 32) befestigte und dann schliesslich trotz Jesaja's Warnungen von Assur abfiel, dem Zureden der Gegner des Propheten, einem Sebna und andern Magnaten, nach deren Urtheil Jesaja von Politik nichts verstand, so viel Einfluss gestatten konnte. Als die Noth eintrat, verkündete der Prophet (2 Kön. 20, 6) dem erkrankten Könige zugleich die Genesung und Jerusalems Errettung von Sanherib. Je schärfer Jesaja früher die Zettelungen gegen Assur getadelt hatte, desto mehr musste jetzt in der Stunde der

11. Verdiente die Angabe der LXX, welche in der Stelle 1 Kön. 12, 24 dem Rehabeam die Alterszahl 16 und die Regierungszahl 12 zuschreibt, irgendwelchen Glauben, so müsste aus der oben S. 35 mitgetheilten Reihe der Alterszahlen die grösste schwinden. So aber behalten wir 41 Jahre als das Alter Rehabeam's beim Antritt, und wir besitzen ausserdem in den Dreissigern nur zwei solche Zahlen für Josaphat und Jehoram, welche auf die langen Regierungen von Asa und Josaphat folgten. Um die innere Wahrscheinlichkeit der für Davids Dynastie gefundenen Zahlen zu prüfen, verlohnt sich ein Blick auf das muthmassliche oder sicher angegebene Alter, in welchem jeder König stand, als ihm sein Thronfolger geboren wurde. Nach dem wahrscheinlichen Durchschnittssatz lässt sich auf diesem Wege das Alter ermitteln, welches Abiam und Asa muthmasslich erreicht haben. Am Wenigsten konnte der vorexilische Epitomator bei den 3 Söhnen des Josia, die auf den Thron gelangten, einen Irrthum begehen; da sehen wir, dass Jojakim geboren wurde, als sein Vater 14 Jahre (39—25) alt war. Ich wüsste keinen Grund um die ungefähre Richtigkeit dieser 14 in Zweifel zu ziehen, obgleich ich natürlich zugebe, dass Josia eben sein vierzehntes Lebensjahr zurückgelegt haben kann, als er den Jojakim zeugte. Uebrigens ist diese 14 die niedrigste Zahl, die wir in der ganzen Reihe antreffen. Da Jehoahas geboren wurde, als sein Vater 16 Lebensjahre (39—23) zählte, und Zedekia, als Josia 18 Jahre (39—21) alt war, so gewinnen wir für die drei Söhne Josia's als mittlere Zahl 16, dieselbe, welche sich bei Jehoas (23—7=16) und Josia (24—8) ergibt. Weiter gewinnen wir zweimal die Zahl 18, denn bei Ahasjahu's Geburt zählte sein Vater 40—22 Jahre, bei derjenigen des Jechonja war Jojakim 36—18 Jahre alt. Sodann treffen wir

---

allgemeinen Muthlosigkeit der als Prophet und Arzt um den König beschäftigte Jesaja den tiefsten Eindruck durch seine Verheissung auf Hiskia machen und ihn von der Auslieferung der Hauptstadt zurückhalten. Es ist nicht unwahrscheinlich, dass erst die babylonische Gesandtschaft den Abfall des Hiskia von Assur um 703 zur Reife brachte. Jedenfalls finde ich keinen Grund zu der Meinung, dass Hiskia ein für die Priesterschaft leitsamer Schwächling gewesen wäre, vgl. Ed. Reuss, Gesch. der heil. Schriften A. T.'s § 249. 265.

dreimal die Durchschnittszahl 21; Amazja nämlich wurde geboren, als sein Vater 47—25 = 22 Jahre alt war, während bei der Geburt des Ahas Jotham 21 Jahre (41—20) zählte, und wir dürfen bei Rehabeam's Geburt den Salomo etwa 20 Jahre alt denken. Nach S. 37 stand Ahas bei des Hiskia Geburt im Alter von 25 Jahren (40—15). In dem höheren Alter von 28 Jahren standen die Väter, als Jehoram (60—32) und Usia (44—16) das Licht der Welt erblickten. Endlich standen bei der Geburt von drei Königen ihre Väter schon in den Dreissigern; nämlich Jotham wurde geboren, als Usia 33 Jahre (58—25) zählte, Manasse, als Hiskia 32 Jahre (44—12) alt war, und Amon, als Manasse 35 Jahre (57—22) zählte. Wir haben also gefunden

bei 3 Generationen je 16 Jahre = 48
„ 2 „ „ 18 „ = 36
„ 3 „ „ 21 „ = 63
„ 1 „ (Geburt des Hiskia) 25
„ 2 „ je 28 J. = 56
„ 3 „ (33+32+35) =100

also Sa. bei 14 Generationen im Ganzen 328 Jahre, oder für jede durchschnittlich stark 23 Jahre, d. h. im Durchschnitt zählte jeder König etwas über 23 Jahre, als ihm der Thronfolger geboren wurde. Bedenken wir, dass der Thronfolger nicht immer der erstgeborene Sohn war, so erscheint dies Ergebniss als ein geschichtlich durchaus befriedigendes. Zögen wir die Geburt des Salomo, bei welcher David wol nicht weniger als 47 Jahre alt war, mit in Rechnung, so hätten wir 15 Generationen und 375 Jahre, also die Durchschittzahl 25. Aber bei David, der auch nach der mir durchaus glaubwürdig erscheinenden Ueberlieferung der jüngste unter vielen Brüdern war, walten ungewöhnliche Verhältnisse ob, wie sein hohes Lebensalter zeigt, das kein anderer hebräischer König erreicht haben wird; ich ziehe daher 23 als Durchschnittszahl vor, um durch Muthmassung die in der Bibel fehlenden Zahlen des Abiam und Asa zu erhalten. Wurde Abiam geboren, als Rehabeam 23 Jahre alt war, so bestieg er im Alter von 35 Jahren (58—23) den Thron[10]) und brachte sein Leben auf 38 Jahre.

---

[10]) Ewald (Gesch. ³III 501) nennt den Abija beim Antritt seiner

Dazu passt die Notiz 2 Chron. 13, 21, dass Abia von 14 Weibern 22 Söhne und 16 Töchter gehabt haben soll, nicht minder als der Umstand, dass Abia nach 2 Chron. 11, 18—23, wenn auch der erste Sohn von Rehabeam's Lieblingsgemahlin, so doch keineswegs der Erstgeborene unter den 28 Söhnen war, welche Rehabeam von seinen vielen Weibern erhielt. Dürfen wir ferner annehmen, dass Asa geboren wurde, als Abiam 20 Jahre alt war, so bestieg Asa in einem Alter von 18 Jahren (38—20) den Thron und brachte sein Leben auf $18+41 = 59$ Jahre; unter dieser Voraussetzung wurde Josaphat geboren, als sein Vater 24 Jahre (59—35) alt war. Sollte sich aber Jemand darüber wundern, dass von sämmtlichen judäischen Königen kein einziger das hohe Lebensalter Davids erreicht hat, so erinnere ich an das lange Pontificat des Pio nono und das so ungewöhnliche Alter unseres Kaisers Wilhelm.

12. Kehren wir zu den Angaben der **Regierungsdauer** zurück, um zu sehen, ob sich nicht weitere Merkmale innerer historischer Wahrscheinlichkeit in den bisher von mir als geschichtlich erkannten Zahlen aufweisen lassen, so wollen wir

a) **die judäische Königsreihe mehr für sich betrachten.** Bekanntlich haben 22 Regierende zu Jerusalem auf dem Thron gesessen, von David an gerechnet; neben der einzigen weiblichen Herrschaft, welche die hebräische Geschichte kennt, mit andern Worten: ausser der die Davidische Reihe unterbrechenden Athalja sind's also 21 Isaiden. Diese Zahlen sind historisch, obgleich $21 = 3 \times 7$ und $22 = 2 \times 11$ und obgleich uns die Zahl 22 schon oben Nr. 9 in merkwürdiger Weise begegnete, welche sich noch öfter wiederholen wird. Im Reiche Juda haben wir also 20 regierende Personen oder 19 Isaiden. Wollte man die Zahl der israelitischen Könige, welche 19 beträgt, auf 20 bringen durch künstliche Zählung, so würde sich Isboseth für solche Spielerei noch mehr empfehlen, als der (vgl. Hilgenfeld's Zeitschrift 1877, S. 408) gelegentlich von Wellhausen einmal mitgezählte Thibni, welchen der Epitomator in seinem Schema nicht als israelitischen König anerkennt, obgleich er

---

Herrschaft „wohl schon etwas bejahrter," stimmt also wol mit meiner Annahme überein.

doch schon eine Regierung von wenigen Tagen für die Aufnahme des Simri ausreichend findet. Der angebliche mehrjährige Bürgerkrieg zwischen Omri und Thibni entspringt m. E. lediglich einer historisch werthlosen synchronistischen Angabe. Der thatkräftige Omri, der sich, wie aus dem Mesasteine zu schliessen ist, den Moabitern schon als Feldhauptmann des Baesa[11]) furchtbar erwiesen hatte, wird die Sympathien für den Thibni rasch unterdrückt haben, als er den Mord des allerdings unwürdigen Sohnes seines Herrn rächte. Der Obergeneral Omri stand als treuer Diener und Freund des verhasst gewordenen Hauses Baesa da, und es ist kein Wunder, dass die „Hälfte" des Volkes Israel (1 Kön. 16, 21 f.) unmittelbar nach dem Tode Ela's lieber einen andern zum Könige gehabt hätte, als den bisherigen Beschützer des eben durch einen Untergeneral ermordeten königlichen Schwächlings, zumal die beim ersten Dynastiewechsel überrumpelten Aeltesten des Volkes bei der Wahl eines neuen Königs doch auch ein Wort mitsprechen wollten. Baesa hatte sich mit Hülfe des Heeres, als er mit „dem ganzen Israel" (1 Kön. 15, 27 f.) vor dem belagerten philistäischen Gibethon lag, nach Nadab's Ermordung zum Könige aufgeschwungen. Da versteht sich's, dass die Aeltesten beim Untergange des Hauses Baesa den Soldaten nicht wieder Alles überlassen, sondern energisch ihr Wahlrecht geltend machen wollten, obgleich Omri's Thatkraft schon nach 7 Tagen der Herrschaft[12]) des Simri ein Ende machte, indem er mit „dem

---

[11]) Zu meiner Freude finde ich nachträglich (vgl. Heinr. Brandes, Abhandlungen zur Geschichte des Orients im Alterthum, S. 60), wie ich mit Hitzig (Heidelb. Jahrbb. d. Lit. 1871, S. 786) in der Annahme zusammengetroffen bin, dass Omri bereits, ehe er den Thron von Israel bestieg, als Feldhauptmann die Stadt Medeba erobert habe.

[12]) Mag man mit Ewald den Simri für einen weibischen Menschen halten, sicher ist, dass er nach hebräischer Anschauung wirklich, freilich nur für ein paar Tage, König gewesen ist, während 1 Kön. 16, 21 von den Anhängern des Thibni nur die Absicht ausgesagt wird, „dass sie ihn zum Könige machten." Es kam aber nicht dazu, weil Omri's unwiderstehliche Uebermacht sich zu rasch geltend machte, und so heisst es 1 Kön. 16, 22 kurz „und Thibni starb," wobei schwerlich an natürlichen Tod zu denken sein wird. Ich lasse es dahin gestellt sein, ob Thibni

ganzen Israel" Thirza rasch eroberte. Da das Heer offenbar auf Omri's Seite stand, so ist mir die Vermuthung Ewald's (Gesch. ⁵III 486), dass es zwischen Omri und Thibni zu offener Feldschlacht gekommen wäre, auch durchaus unwahrscheinlich. Die Geschichte kennt also nur 19 Könige des Nordreiches und 19 Isaiden im Reiche Juda. Sehen wir aber auch von David und Salomo ab, ist's nicht unwahrscheinlich, dass 19 Könige desselben Geschlechts in der von der Bibel angegebenen Weise, so dass fast immer der Sohn dem Vater folgte, nach einander regiert haben sollen? Unter den Söhnen des Josia finden wir allerdings 3 Brüder auf dem Throne, wie in Israel Joram seinem Bruder Ahasja folgte; sonst aber folgt bei den Isaiden immer dem Vater der Sohn, und das ist allerdings eine bemerkenswerthe Thatsache. War's wol nur ein blosses Versehen, wenn Duncker (Gesch. des Alterth. ⁵II 182) den Asa zum Bruder Abiam's machte, so hat dagegen Fritz Hommel allen Ernstes die Hypothese aufgestellt, dass Ahas der ältere Bruder des Hiskia gewesen sein möchte, vgl. Abriss der babylonisch-assyrischen und israelitischen Geschichte. Leipzig 1880, S. 17. Mag aber auch ein assyrischer Tafelschreiber einem hebräischen Könige einen falschen Vater geben, für den hebräischen Schriftsteller bildet das wiederholte „Sohn des Ahas" einen Bestandtheil von Hiskia's Namen selbst, so dass die Verwandlung von „Sohn" in „Bruder" hier fast ebenso willkürlich wäre, als die völlige Ausmerzung des Pekahja (Jahrbb. für Deutsche Theol. 1875, S. 630) aus der Geschichte der israelitischen Könige, welche sich auf die Namensähnlichkeit mit Pekah stützte[13]). Müssen

---

sich gleich Ahitophel selbst den Tod gab, oder ob Andere ihn aus dem Wege räumten, möchte dagegen die Vermuthung wagen, dass die Parthei des Thibni dieselbe war, auf welche Simri sich zu stützen gedachte, und dass dies im Gegensatze zum eigentlichen Heere eine mehr bürgerliche Parthei war. Ohne den scheinbar starken Rückhalt der mit Ela unzufriedenen bürgerlichen Elemente ist mir schwer begreiflich, wie Simri ohne wahnsinnige Verblendung sich auf den Thron schwingen mochte, während der tapfere Obergeneral mit dem Kerne des Heeres draussen im Felde lag.

[13]) Im englischen Artikel Israel pg. 411 b (S. 55 des deutschen Drucks) hat Wellhausen die Regierung des Pekahja anerkannt. Von

wir nun auch auf die Brüderhypothese verzichten, so fehlt es doch nicht an geschichtlichen Beispielen dafür, dass ein Geschlecht in der männlichen Linie durch eine Reihe von Jahrhunderten sich fortpflanzte. Ich erinnere auch an die Tafel der Hofbaumeister des Pharao, welche Brugsch (Geschichte Aegyptens unter den Pharaonen. Leipzig 1877, S. 36 f. 644. 754) mit ihren 22 Namen als chronologischen Nothbehelf benutzt, indem er je 3 aufeinanderfolgende Menschenleben als ein Jahrhundert rechnet.

Da erhebt sich scheinbar eine neue geschichtliche Schwierigkeit. Ist's wol wahrscheinlich, dass so viele Könige nur so kurze Zeit regiert haben? Niemand wundert sich, das von den 19 Königen des 216 Jahre (937—722) bestehenden Nordreiches jeder im Durchschnitt noch nicht ganz 12 Jahre lang regiert hat; wir kennen ja die zerfahrenen Zustände dieses Reiches, von dessen 19 Königen sich 8 durch Ermordung des Vorgängers auf den Thron schwangen, so dass es nur dem Omri und Jehu gelang, Dynastien von längerer Dauer zu gründen. Die 3 Generationen des Hauses Omri regierten allerdings nur 48 Jahre; aber das ist wahrhaftig nicht zu verwundern, da der Gründer dieser Dynastie sicher kein junger Mann [14]) mehr war, als er König wurde, da ferner sein Sohn

---

sonstigen Meinungsänderungen, welche der Artikel vom J. 1881 im Verhältniss zum Aufsatze vom J. 1875 darbietet, seien hier noch zwei erwähnt, welche die historische Verwerthung der assyrischen Inschriften betreffen. Wellhausen gibt jetzt (Israel pg. 406 am Ende) Schrader die Möglichkeit zu, dass Ahab's Truppen an der Seite der Syrer bei Karkar kämpften (854 v. Chr.), meint dann aber, dass die Schlacht von Karkar vor den in 1 Kön. 20 berichteten Dingen stattgefunden haben müsse; ich ziehe die frühere Ansicht von Wellhausen, wonach der assyrische Schreiber Ahab und Joram verwechselt haben soll, entschieden vor. Was aber die Erwähnung des Asarja oder Usia zu einer Zeit, da Jotham Regent war, betrifft, so lesen wir im Art. Israel pg. 411b jetzt die Anmerkung, es lasse sich denken, dass nach Jerobeam's II. Tod das Reich Israel gleichzeitig von Hamath und von Juda angegriffen worden sei. Bei dieser *pure hypothesis* müsse freilich angenommen werden, dass die Assyrer über die *nature of the relations between Hamath and Judah* schlecht unterrichtet gewesen wären.

[14]) Auch das ist ein Grund dafür, dass wir Jehoram's Weib Athalja

Ahab durch eine Schlacht ums Leben kam, von den Söhnen Ahabs endlich Ahasja nach kurzer Regierung verunglückte und Joram durch Jehu das Leben verlor. Dagegen haben die 4 Nimsiden (Sacharja kommt chronologisch nicht in Betracht) die stattliche Reihe von 102 Jahren regiert, deren Einzelposten 28+17+16+41 durchaus historisches Gepräge tragen und in ihrer Summe durch die assyrischen Data für die Tributzahlungen des Jehu (842 v. Chr.) und Menaḥem (738 v. Chr.) aufs beste gestützt sind. Bedenken könnte also, was die Regierungsdauer betrifft, wol nur die Reihe der judäischen Könige erregen. Streichen wir, damit sich die Zahl der judäischen Generationen ergebe, die 5 letzten Isaiden von ihren 14 Vorgängern zunächst ab, so erhalten wir, da Josia und seine Söhne nur 2 Generationen repräsentiren, von Rehabeam bis Zedekia 16 Generationen (14+2), die von 937−586 = 352 Jahre lang regiert haben. Dividiren wir die geschichtliche Zahl 352 durch die ebenso geschichtliche 16, so gewinnen wir merkwürdiger Weise als Durchschnittszahl für die einzelne Generation der judäischen Könige wiederum die Zahl 22. Ist das nicht höchst bedenklich? Ich meine, dies auffällige Zahlenspiel trifft mit der inneren Glaubwürdigkeit der von mir berechneten Einzelposten ganz befriedigend zusammen. Für alle 21 Isaiden würde sich natürlich durch die Berechnung von 80 Jahren für David und Salomo die Durchschnittszahl höher als 22 stellen. Aber diese Zahl 22 für das Reich Juda rechtfertigt sich, obgleich Brugsch jedem seiner 22 Oberbaumeister das Drittel eines Jahrhunderts zuweist, durch folgende Erwägungen. Zunächst sehen wir, dass Rehabeam beim Regierungsantritt die 40 schon eben überschritten hatte, Zedekia aber schon in seinem 32. Lebensjahre entthront wurde. Josia kam schon in seinem 39. Lebensjahre durch die Schlacht bei Megiddo um. Wir fanden ob. S. 39 als durchschnittliche Alterszahl des judäischen Königs bei der Geburt seines Thronfolgers etwas über 23 Jahre,

---

trotz 2 Kön. 8, 26 nicht für Ahab's Schwester halten (Schenkel's Bib. Lex. III, 382), sondern für die Enkelin Omri's; vgl. 2 Kön. 8, 18 den genaueren Ausdruck „Tochter Ahab's," der um wenige Zeilen der freieren Bezeichnung „Tochter Omri's" vorhergeht.

sahen aber, dass kein judäischer König die 70 des Ahnherrn
David erreichte, obgleich neben den einen Jerobeam II., dessen
Regierungsdauer 40 Jahre überschritten hat, sich 3 judäische
lange Regierungen stellen, Asa mit 41, Usia mit 42, Manasse
mit 45 Jahren, zu denen sich als viertes lange dauerndes Königthum das des grade 40 Jahre regierenden Jehoas gesellt. Von
den neben Jerobeam II. übrig bleibenden 18 israelitischen Königen
werden nicht einmal die 31 Regierungsjahre des Josia durch
einen einzigen erreicht. Es fehlt also im Reiche Juda keineswegs an den zu erwartenden langen Regierungen. Was aber
die vielen kurzen Regierungen betrifft, so wollen wir uns nicht
nur erinnern, dass ausser Jehoas auch Amazja, der gleich seinem
Vater im kräftigen Mannesalter starb, sowie der junge Amon
durch eine Revolution um's Leben kamen, dass ferner Ahasjahu
in jugendlichem Alter durch Jehu fiel, sondern wir könnten
auch auf andere Gründe hinweisen, mögen sich dieselben auch
im Einzelnen der geschichtlichen Controle entziehen. Konnte
David, der Hirt (1 Sam. 16, 18 f.) und Kriegsmann, der in der
Jugend durch die grössten Strapazzen seinen Körper stählte,
trotz des Haremslebens ein hohes Alter erreichen, so war das
für die geborenen Königssöhne wol von vorneherein nicht so
leicht möglich. Trotz der schablonenmässigen Beurtheilung der
einzelnen Könige durch den deuteronomistisch gesinnten Epitomator halte ich auch die religiöse Stellung derselben keineswegs für gleichgültig. Nicht nur Manasse (2 Kön. 21, 6) opferte
seinen Sohn durch's Feuer, sondern auch Ahas (2 Kön. 16, 3),
wie früher der Moabiterkönig Mesa (2 Kön. 3, 27); und als die Kehrseite dieses fanatischen Ernstes wird auch zur Lebensverkürzung
dienende Unsittlichkeit bei diesen morgenländischen Despoten
schwerlich ganz gefehlt haben, wenn sie die sittliche Jahve-
Religion der Propheten mit der halbheidnischen Jahve-Verehrung,
welche im Süden wie im Norden so lange als Reichs-Religion ge-
golten hat, vertauschten oder vielmehr an der letzteren festhielten.
Natürlich sind Krankheiten gleich der des Jehoram, welche
2 Chron. 21, 15. 18 f. als göttliche Strafe für die Sünde erscheint,
ganz unberechenbar.

b) Unterwerfen wir endlich die Regierungszahlen der
39 Könige der Reiche Juda und Israel einer Vergleichung,

um zu sehen, wie oft dieselben als geschichtliche bisher erkannten Zahlen wiederkehren, so gewinnen wir folgendes Ergebniss, welches mir der inneren historischen Wahrscheinlichkeit ganz angemessen zu sein scheint. Die 13 nur einmal vorkommenden Zahlen für die Regierungsdauer finden wir bei diesen Königen: Manasse 45 Jahre, Usia 42, Jehoas 40, Josia 31, Hiskia 29, Jehu 28, Josaphat 25, Baesa 24, Ahas 20, Amazja 19, Joas 16 (weder Jotham, noch Ahas gehört hierher), Hosea 9 und Jehoram 8 Jahre. Ferner treffen wir 8 Zahlen je zweimal als Regierungsdauer an, nämlich 2 Jahre bei Amon und Ahasja, 3 Jahre bei Abiam und Menahem, 6 bei Athalja und Pekah, 11 bei Jojakim und Zedekia, 12 bei Omri und Joram, 17 bei Rehabeam und Joahas, 22 bei Jerobeam I. und Ahab, 41 bei Asa und Jerobeam II. Schliesslich fanden wir viermal eine einjährige Regierungsdauer, nämlich bei Ahasjahu, Jotham, Nadab und Pekahja. Zu den 6 Königen, die durch Abrundung oder Einrechnung ihrer Regierungszeit in die Jahre anderer Könige in der chronologischen Reihe kein Jahr für sich erhalten, d. h. zu Jehoahas, Jechonja, Ela, Simri, Sacharja und Sallum, gesellen sich also die übrigen 33 in den angegebenen Einzelposten 13 (13×1), 16 (8×2) und 4 oder 4×1 Jahre. Suchen wir für die 39 Könige des Nord- und Südreiches oder lieber (unter Weglassung des Simri mit seinen 7 Tagen) für die 2×19 Könige die durchschnittliche Regierungsdauer, so haben wir die Summe von 216 und 352 Jahren oder 568 Jahre durch 38 zu dividiren, um ziemlich genau die Zahl 15 zu gewinnen, da $38 \times 15 = 570$ ist.

13. Bisher haben wir die dem vorexilischen Epitomator zu verdankenden Regierungs- und Alterszahlen betrachtet; während ich den die Regierungsantritte betreffenden synchronistischen Angaben keinen historischen Werth beilegte und sie als Ergebnisse späterer, erst auf Grund des Werkes des Epitomators angestellter Rechnungen betrachtete, glaubte ich dagegen, wenige Irrthümer vorbehalten, die Regierungs- und Alterszahlen nur um so mehr als echte Zahlen zu erkennen und suchte, ihren hohen historischen Werth auch mit Hülfe der uns vom Epitomator überlieferten Geschichte der hebr. Könige zu erweisen. Ausser den sehr zahlreichen und als glaubwürdig allgemein anerkannten

Thatsachen aus der politischen[15]) Geschichte, welche der Epitomator auf Grund guter Quellen uns meldet, verdanken wir ihm aber schliesslich auch wichtige synchronistische Mittheilungen, auf welche ich noch kurz hinweisen muss. Ich denke dabei weniger an die vereinzelten Jahreszahlen, wie werthvoll diese immerhin sein mögen, als an das, was ich den allgemeinen Synchronismus der hebr. Könige nennen möchte. Als vom Epitomator überlieferte wichtige Zahlen nenne ich 1 Kön. 6, 37 f. das 4. und 11. Jahr des Salomo für Beginn und Ende des Tempelbaues; 1 Kön. 14, 25 Sisak's Zug gegen Jerusalem im 5. Jahre des Rehabeam, ein Synchronismus, der von unschätzbarem Werthe sein würde, wenn wir eine gesicherte ägyptische Chronologie besässen; 2 Kön. 12, 7 die erfolgreiche Vorkehrung, welche Jehoas im 23. Jahre seiner Regierung traf, um die von den Priestern vernachlässigte Ausbesserung des Tempels sicher zu stellen; 2 Kön. 18, 13 Sanherib's Zug im 14. Jahr des Hiskia; 2 Kön. 22, 3 die Reformation im 18. Jahre des Josia. Zu den nicht schon vom Epitomator herrührenden, sondern erst in nachexilischer Zeit eingesetzten Angaben gehört der Vers 1 Kön. 6, 1, dessen Inhalt theils aus Vers 37 stammt, theils aus der künstlichen Berechnung der Periode vom Auszuge aus Aegypten bis zum Beginn des Tempelbaues zu 480 Jahren. Dass diese Berechnung falsch ist, sollte heute kein Unbefangener mehr verkennen, mag auch die Nachweisung der einzelnen Posten, auf welchen die Summe dieser 480 Jahre beruht, keineswegs schon so gelungen sein, dass allgemeines Einverständniss darüber erzielt wäre. Auch das sollte nicht verkannt werden, dass die 480 von 1 Kön. 6, 1, welche ich mit Thenius für unabhängig von den 12 Hohepriestergeschlechtern zu je 40 Jahren halte, jedenfalls auf besserem Grunde stehen, d. h. wenn es je gelingt[16]), durch zuverlässige

---

[15]) Natürlich verdanken wir dem Epitomator auch aus der Geschichte des Tempels und Cultus viele werthvolle Nachrichten; so nennt Stade in seiner Zeitschrift 1883, S. 146 die gelegentlichen Aeusserungen in 2 Kön. 12, 8 ff. 19; 14, 14; 16, 10 ff.; 18, 16; 23, 4. 11 f. mit vollem Rechte „innerlich auf's Beste bezeugt."

[16]) Nöldeke am Schluss seiner Untersuchungen zur Kritik des A. T.'s (Kiel 1869) erklärt die Herstellung einer Chronologie der Richterzeit

ausserbiblische Documente einige sichere Gleichzeitigkeitspunkte zu gewinnen, dass unter den Einzelposten der 480 Jahre in ganz anderer Weise historisch verwerthbares, der geschichtlichen Wirklichkeit wenigstens annähernd gerecht werdendes Material sich herausstellen muss, als in den 1200 Jahren (100+60+130 +430+480), welche Bertheau in den Jahrbb. für Deutsche Theol. 1878, S. 679 aus der Combination von 1 Kön. 6, 1 mit Gen. 21, 5; 25, 26; 47, 9 und Ex. 12, 40 für die Zeit von Abrahams Geburt bis zum Tempelbau ermittelt hat. Wie die Zahl 480 in 1 Kön. 6, 1 dem Epitomator fremd ist, so muss ich auch die Gleichsetzung von Hiskia's 6. Jahre mit Samaria's Fall einer nachexilischen Hand zuschreiben, welche für Manasse die irrige Regierungszahl 55 vorfand. Gewiss ist diese Gleichsetzung unabhängig von dem Synchronismus 2 Kön. 17, 1, der das 12. Jahr des Ahas, der nach der Bibel 16 Jahre regierte, für das erste der 9jährigen Regierung des Hósea angibt; denn das Datum 2 Kön. 18, 10 (des Hiskia 6. Jahr = 9. Hosea's) verweist den Regierungsantritt des Hosea in das 14. Jahr des Ahas. Aber solche Unabhängigkeit kann doch bei den zahlreichen und sich oft genug widersprechenden Interpolationen (vgl. oben S. 25 Anmerkung 4), welche das Werk des Epitomators durch verschiedene Hände erfahren hat, schwerlich ein genügender Beweis dafür sein, dass das Datum 2 Kön. 18, 10 als irrige Tradition schon dem Epitomator vorgelegen habe; vielmehr dünkt mich's wahrscheinlicher, dass in 2 Kön. 18, 1. 9—12 (s. oben S. 28) nachexilische Interpolation anzuerkennen ist. Der Verfasser entnahm den Inhalt derselben, abgesehen von der falsch berechneten Zahl, aus 2 Kön. 17, 5 f. und wiederholte den Untergang von Samaria, um Hiskia's Glanz zu erhöhen, der, ganz anders als Hosea, die durch Abfall vom Assyrerkönige gewonnene

---

mit Recht als unmöglich für uns und erwartet höchstens aus ägyptischen Quellen eine vielleicht dereinst mögliche genauere Bestimmung der Zeit des Auszugs der Israeliten. Wir wissen aber nicht, was die Zukunft noch für wichtige Hülfsmittel bringen kann; ohne die gesicherten assyrischen Gleichzeitigkeiten wäre die Herstellung einer befriedigenden Chronologie der hebr. Königszeit, die aus der Bibel allein nie gelingen konnte, ja auch einfach ein Ding der Unmöglichkeit.

Unabhängigkeit, welche der Epitomator in 2 Kön. 18, 7 erzählt, auch glücklich behauptete.

Viel wichtiger als die vereinzelten Synchronismen erscheint mir endlich der durch den Epitomator uns geschenkte allgemeine Synchronismus der hebräischen Könige. Wenn bestimmt genannte Könige beider Reiche sich bekriegen, verschwägern, besuchen etc., so liegt ihre Gleichzeitigkeit in der Erzählung des Königsbuches klar genug vor Augen. Aber auch da, wo für uns solche Beziehungen bei der Dürftigkeit des gegebenen Geschichtsabrisses ganz fehlen, muss dem Epitomator, der die Könige beider Reiche in bunter Reihe behandeln wollte, der allgemeine Synchronismus genau bekannt gewesen sein. Es ist eine glückliche Beobachtung von Wellhausen (Bleek⁴ S. 243), dass „sich die Aufzählung nach dem Datum der Thronbesteigung richtet, in der Weise, dass die Könige der beiden Reiche promiscue an die Reihe kommen, und wer zuerst angetreten ist, auch zuerst und zwar vollständig abgehandelt wird." Die Reihe wird eröffnet (vgl. 1 Kön. 14, 19 ff.) durch Jerobeam I., durch dessen Vorgehen ja Rehabeam erst als König von Juda übrig blieb. Nach diesen beiden folgen Abiam, Asa, Nadab, Baesa, Ela, Simri, Omri, Ahab, Josaphat, Ahasja, Joram, Jehoram, Ahasjahu, Jehu, Athalja, Jehoas, Joahas, Joas, Amazja, Jerobeam II. Usia, Sacharja, Sallum, Menahem, Pekahja, Pekah, Jotham, Ahas, Hosea, Hiskia etc. Nach diesem allgemeinen Synchronismus des Epitomators habe ich meine Tabelle der hebr. Königsjahre aufgestellt, während noch Wellhausen übersehen hat, dass danach Jerobeam II. vor Usia, sowie Pekah vor Jotham den Thron bestiegen haben muss. Wir wissen nicht, ob dem Epitomator schon ein nach den Antritten chronologisch geordnetes Verzeichniss aller Könige von der Reichsspaltung bis zum Untergange des Nordreiches in bequemer Weise vorlag, oder ob er, was für ihn ja beschwerlicher gewesen wäre, wenn auch bei dem Reichthum seiner Quellen keineswegs unmöglich, sich die chronologische Reihenfolge der Antritte selbst zusammensuchen musste. Durch diesen allgemeinen Synchronismus, der für die Chronologie der Königszeit von unschätzbarem Werthe ist, wurde der vorexilische Epitomator gewissermassen ein Vorgänger der späteren Schriftgelehrten, welche durch Rechnung ihre synchronistischen Angaben für die Regierungsantritte zu ermitteln suchten. Nur war für den noch während des Bestandes des Reiches Juda schreibenden Epitomator, dem eine Fülle von Daten zur Verfügung stand, so dass er gleichsam aus dem Vollen schöpfen konnte, der allgemeine Synchronismus nichts weiter als ein bequemes Mittel für die schriftstellerische Vertheilung des Stoffes; die späteren Synchronisten dagegen, die überhaupt keine zusammenhängende Darstellung zu geben hatten, sondern sich auf einzelne Zusätze und Interpolationen beschränkt sahen, verfolgten ganz deutlich harmonistische Zwecke, behielten die Zahlen des Epitomators im Ganzen bei und suchten die aus diesen überlieferten Zahlen hervorgegangenen Schwierigkeiten durch künstliche Berechnungen der Synchronismen der Regierungsantritte aus dem Wege zu räumen.

14. Wenn ich nun auf das Zahlenspiel eingehe, welches der Greifswalder Gymnasiallehrer Ernst Krey zuerst entdeckt haben soll, und welches dann andere tüchtige Gelehrte ebenfalls beobachtet haben wollen, so gerathe ich in einige Verlegenheit durch die Kürze, deren sich diese Forscher, wie wenn die Thatsachen für sich selbst schon deutlich genug sprächen, befleissigt haben. Krey's Aufsatz: „Zur Zeitrechnung des Buchs der Könige" umfasst nur 4 Seiten, und auf der fünften bezeugt ein kurzes Nachwort Wellhausen's die Selbstständigkeit der „Beobachtungen" seines Freundes Krey (Hilgenfeld's Zeitschrift 1877, S. 404—408). Die Mittheilungen der an Krey anknüpfenden Forscher bewegen sich in ähnlicher Kürze, so dass es für mich das Bequemste wäre, sie allesammt dem Leser wörtlich vorzulegen, verböte das nicht die Rücksicht auf den mir hier verstatteten Raum; ich muss also die Mittheilungen der gemachten Beobachtungen mit meiner Kritik zu verflechten suchen, werde aber doch die wichtigsten Stellen im Wortlaute anführen. Offenbar hat eine von Wellhausen in Schürer's Theol. Lit.-Ztg. 1876, Sp. 540 f. (und schon vorher in den Jahrbb. für Deutsche Theol. 1875, S. 621 Note) bekannt gemachte Berechnung auf Krey einen tiefen Eindruck gemacht, den ich vollkommen begreife. Nachdem Wellhausen in seiner Anzeige von G. Smith's Schrift: „The Assyrian Eponym Canon" den Grundsatz, dass die assyrischen Zeitangaben für die assyrische und

die biblischen für die biblische Geschichte gelten sollen, „naiv bis zur Unbegreiflichkeit" genannt und angedeutet hat, dass die Entscheidung für die gesicherten assyrischen Data auch darum nicht zweifelhaft sein könne, weil „die Zahlen der jüdischen Königsreihe bis zu einem gewissen Grade systematisirt sind," führt er also fort: „Nämlich von der Epoche des Tempelbaues im 4. Salomo's bis zur Zerstörung Jerusalems sind 430 Jahre" (ich zähle nicht alle einzelnen Posten hier auf, da zu den oben Nr. 8c ermittelten 393 als der Dauer des Reiches Juda nur noch die 37 des Salomo kommen), „zusammen mit den 50 J. des Exils, die bis zur neuen Epoche (= Gründung der zweiten Theokratie) hinzukommen = 480 Jahre. Ebenso lange dauert aber auch nach 1 Reg. 6, 1 die erste Periode der alten Geschichte, von der Epoche des Auszugs bis zu der des Tempelbaues". Für zufällig erachte ich das Zusammentreffen dieser 2 mal 480 Jahre wahrlich nicht, sondern halte jede dieser beiden Zahlen für ein Ergebniss geschichtlich ungenauer Berechnung. Aber zwischen beiden besteht denn doch ein grosser Unterschied, da nur die zweiten 480 sich fast ganz aus echten Zahlen zusammensetzen, wogegen die ersten 480 in ihren Einzelposten zwar nicht (vgl. Nr. 13) alles historischen Werthes baar, aber doch in viel höherem Grade künstlich sind und mehr auf unbestimmter Vermuthung beruhen.

Während des Bestandes des Reiches Juda konnte man seine Gesammtdauer noch nicht berechnen, so dass der Epitomator, den ich mir als einen dem Propheten Jeremia befreundeten Priester denke, von der Gesammtzahl 393 in seinem Werke noch nichts wusste, obgleich er ihre meisten Einzelposten den späteren Berechnern geliefert hat. Wenn nun auch Wellhausen vorsichtig die judäische Königsreihe bis zu einem gewissen Grade systematisirt nennt, also einen Ausdruck gebraucht, welchen ich mir trotz der Ueberzeugung vom hohen geschichtlichen Werthe der durch den Epitomator überlieferten Zahlen allenfalls aneignen könnte, so wirkt doch der Mangel an Unterscheidung zwischen (s. ob. S. 22) Epitomator und Synchronisten hier verhängnissvoll. Die für jedes Kind, das ein wenig addiren kann, wahrnehmbaren Differenzen zwischen den judäischen 95 Jahren und den israelitischen 98, sowie zwischen 143 und 165 (vgl. Nr. 8) waren für den Epitomator, der sie mit Hülfe des ihm zu Gebote stehenden Materials wol ohne Schwierigkeit hätte ausgleichen können, noch gar nicht vorhanden, weil er eben die Addition, welche ja kein sonderliches Interesse für ihn hatte, einfach unterliess. Ganz anders stellte sich die Sache nach dem Exile, als das verdienstliche Werk des Epitomators zu einem grossen Ansehen gelangt war, ohne darum grade schon als eine heilige Schrift in Geltung zu stehen. Da fingen die Schulen der Schriftgelehrten an zu rechnen, und man erkannte es wol als eine göttliche Fügung, als sich für jede der beiden Perioden 480 Jahre herausstellten. Natürlich kamen **für die in der Dynastie David's fortlaufende Jahresreihe** die für die fortlaufende Zeitrechnung werthlosen Könige des ketzerischen Nordreiches ganz und gar nicht in Betracht. Völlig ignoriren konnte man das Nordreich nicht, weil man seine Propheten schätzte, den Synchronismus zum Verständniss der Geschichte des Reiches Juda nicht entbehren konnte und überhaupt das so nützliche Werk des Epitomators nicht missen wollte; aber mehr Berücksichtigung, als um Juda's willen räthlich schien, hat man dem Nordreich schwerlich geschenkt. Zur Sicherstellung der judäischen Zeitrechnung war da der harmonistische Ausgleich der Differenzen der Zeitreihen beider Reiche durchaus geboten. Die Einzelposten für 393 als die Jahrsumme der Dauer des Reiches Juda waren, als die Synchronisten die schwierige Arbeit der Harmonisirung unternahmen, grade so gut vorhanden, wie die jetzt in der Bibel stehenden Regierungszahlen der israelitischen Könige für die Harmonisten wol sämmtlich gegebene Grössen waren. Die 393 Jahre gehen m. E. um 41 über die geschichtliche Wirklichkeit (937 — 586 = 352) hinaus; trotzdem hat man die 95 ersten Jahre nicht den längeren 98 der israelitischen Könige conformirt, hat auch nicht die folgenden 143 Jahre, was ja eine leichte Operation[17]) gewesen wäre, den

---

[17]) Heinr. Brandes, der in seiner Abhandlung über die Chronologie der beiden hebr. Königsreihen manche interessante Mittheilung macht, bringt S. 57 f. die Liste des um 1050 n. Chr. compilirten Chronicon Paschale, in welcher ohne Rücksicht auf die Paralleldatirungen der biblischen Synchronisten die künstliche Ausgleichung der Königsreihen einfach durch-

parallelen 165 Juda's gleichgemacht, sondern hat sich mit treuem Festhalten der Einzelposten auf künstliche harmonistische Rechnung verlegt. Durch diese Treue glaube ich mich zu der Annahme berechtigt, dass die von Wellhausen behauptete Systematisirung, wie ich schon in Nr. 9 andeutete, nur eine geringfügige Aenderung des Vorgefundenen gewesen sein kann, wodurch die grosse Masse der echten Zahlen gar nicht berührt worden ist. Gewiss lassen sich in der langen Reihe der Regierungszahlen die paar falschen, auf irriger Rechnung beruhenden Zahlen nicht mit voller Sicherheit namhaft machen; dass es jedenfalls Thorheit wäre, hier von Fälschung zu sprechen, darüber vgl. meine Bemerkungen in den Theol. Stud. u. Kritik. 1882, S. 176 ff. und Nöldeke, Untersuchungen zur Kritik des A. T., S. 112. Die wenigen vermeintlichen Emendationen, die am Ende noch zum guten Theil auf Schreibfehler gestützt waren, könnten nur dann die grosse Reihe der echten Zahlen verdächtigen, wenn die Fanatiker des Buchstabens, die aus der Bibel einen papiernen Papst machen wollten, mit Grund zur Vertheidigung der Verbalinspiration behauptet hätten, dass *ein* in der Bibel zugegebener Fehler die ganze heilige Schrift werthlos machen müsse.

15. Ich finde die Genauigkeit, welche die jüdischen Schriftgelehrten in der zweiten Zahl 480 erreicht haben, aller Achtung werth, obgleich ich für diese Periode von fast einem halben Jahrtausend einen Fehler von stark 40 Jahren annehme. In meiner Bearbeitung der Hagiographen (Bunsen's Bibelwerk, 3. Bd.) habe ich zu Dan. 9, 25 ja einen viel grösseren Rechenfehler bei einem nicht ungelehrten Schriftsteller des 2. Jahrhunderts v. Chr. einräumen müssen. Ich weiss nicht, wer die Zusammenstimmung der zweiten 480 Jahre mit den 3 Einzelposten, 37+393+50 zuerst in neuerer Zeit wahrgenommen hat; dass Wellhausen selbstständig diese Wahrnehmung gemacht, muss ich daraus schliessen, dass er in seinem Nachwort zu Krey's Bemerkungen keinen Vorgänger nennt. Sollte jenes Zusammen-

---

geführt ist, indem die Zeitdauer von der Reichsspaltung bis zur Zerstörung von Samaria in beiden Linien auf 263 Jahre angesetzt wird.

stimmen zufällig [18]) sein? Das wird vielleicht Mancher denken, der die von Krey entdeckten dritten 480 Jahre ins Auge fasst,

---

[18]) Unmöglich ist's nicht, dass schon der vorexilische Epitomator die Einzelposten überlieferte, welche zusammen mit den wohlbekannten elf des Zedekia die 393 Jahre ausmachen. Dann wäre die zweite Zahl 480 nicht sowohl eine künstliche, als vielmehr eine irrige; der Irrthum würde die Hinzuzählung der 37+50, bei welchem leichten Geschäft ein Fehler sich von selbst ausschliesst, natürlich nicht betreffen, sondern die gegen die Wirklichkeit zu langen 393, sofern den vielen echten Zahlen, aus denen hauptsächlich diese Summe sich zusammensetzt, einige wenige irrige beigemischt sein müssten. Ergab einfach das richtige Zusammenzählen der Zahlen des Epitomators mit denjenigen bis zum Ende des Exils die runde Zahl 480, so wird dann nach dieser auch die erste Periode in der nachexilischen Zeit zu 480 Jahren berechnet worden sein. Ich habe aber das Zugeständniss gemacht, dass die Berechnung der zweiten Tempelperiode von 480 Jahren nicht ohne eine kleine Nachhülfe, die leise Aenderung an einigen der überlieferten Zahlen vornahm, zu Stande gekommen sei, vgl. Stade's Zeitschrift 1883, S. 200. Dennoch darf ich nicht verhehlen, dass dies an sich unbedenkliche (vgl. oben Nr. 9) Zugeständniss ziemlich verwickelte Hypothesen im Gefolge hat. Gestehen wir nämlich das Eindringen künstlicher Rechnung in die zweiten 480 nicht zu, sondern halten diese Zahl für eine durch Zufall runde, dann sind einfach nur zwei Stadien zu unterscheiden: 1) die Ueberlieferung aller jetzt in der Bibel stehenden Regierungszahlen durch den vorexilischen Epitomator, und 2) die harmonistische Vertuschung der später in den Regierungszahlen gefundenen Schwierigkeiten durch die Synchronisten, deren Thätigkeit schon vor Ende des Exils beginnen konnte. Durch mein Zugeständniss gestaltet sich der Verlauf keineswegs so einfach, weil dann mindestens drei Stadien zu unterscheiden sind: 1) Ueberlieferung der meisten biblischen Regierungszahlen durch den Epitomator; 2) harmonistische Berechnung der Regierungsantritte oder Paralleldatirungen, vielleicht schon unter Evil-Merodach (2 Kön. 25, 27), wenn Jechonja dessen Regierung nicht überlebt hat; endlich 3) nach dem Exil die Doppelthätigkeit einer chronologisch-synchronistischen Schule, welche einerseits durch leichte Aenderungen in den Regierungszahlen die 480 Jahre für die Periode vom Tempelbau bis zum Ende des Exils gewann, andererseits die durch solche künstliche Verlängerung einiger Regierungszahlen natürlich auch für die Synchronismen nöthig gewordenen Abänderungen durch verschiedene Nachbesserungen in den alten Paralleldatirungen zu erreichen suchte. Dies dritte Stadium lässt sich auch in mehrere zerlegen. Wol Niemand leugnet,

welche von Krey's Nachfolgern mit nicht ganz verdientem Stillschweigen übergangen worden sind. Krey nämlich nennt es eine höchst merkwürdige Thatsache, dass man, wenn man das Periodenmass der über 400 Jahre von der Gründung der zweiten Theokratie an [19]) auch abwärts in Anwendung bringe, grade zu dem Jahre 106 v. Chr. (586—480 = 106) gelange, das heisse bis zur Gründung des zweiten Königthums durch Aristobulus I. Als ich das las, musste ich unwillkürlich an Theodor Sörensen denken, der in seinem Commentar zur Genesis (Kiel 1851, S. 24) das grosse Wort gelassen aussprach: „Für den Gebrauch in den Synagogen wurde unser Pentateuch, etwa um das Jahr 125 v. Chr., als eine Art Agende auf Anordnung des Johannes Hyrkanus ausgearbeitet." So schlimm hat es nun Krey sicherlich nicht gemeint, sondern wird eher der Behauptung von Heinr. Brandes (Abhandlungen, S. 45) beipflichten, der mit Grund sagt: „Für fast alle in Betreff der Königsreihen in Betracht kommende biblische Data (mit ganz wenigen Ausnahmen) erhalten wir durch die Septuaginta ein nicht zu unterschätzendes

---

dass in den Synchronismen Flickwerk, die Arbeit (Ew., Gesch. ⁴III 404) mehrerer Hände vorliegt. Die Complicirtheit einer Hypothese beweist unter solchen Umständen noch nicht, dass sie unrichtig sei; den „unberechenbaren Factoren individueller Willkür und Irrung" (Nr. 6) gegenüber sind ja alle Hypothesen misslich. Ein Widerspruch aber entsteht, wenn die vertuschende Thätigkeit der Synchronisten anerkannt wird, und wenn man dennoch die Synchronisten in der allerfreiesten Weise mit den Regierungszahlen umspringen lässt. Wären die meisten Regierungszahlen, anstatt von den Reichsjahrbüchern her überliefert zu sein, erst in nachexilischer Zeit mit methodischer Technik gebildet worden, so bliebe für die saure Mühe der harmonistischen Thätigkeit überhaupt kein Stoff übrig. Zahlen, die man sich mit ziemlich grosser Freiheit, nur wenig durch die Geschichte gebunden, selbst bildet, sind nicht der spröde Stoff, mit welchem man sich zugleich als Harmonist plagen könnte.

[19]) Allerdings, so könnte man denken, hat sich hier Krey um die 50 Jahre des Exils, welche er zweimal zählt, einfach verrechnet, denn das Jahr von Jerusalems Zerstörung fällt ja ein halbes Jahrhundert früher, als die „Gründung der zweiten Theokratie." Aber Krey operirt mit einem doppelten Periodenmass, da ihm neben 480 auch 430 durch die „Rolle, welche diese beiden Zahlen im A. T. spielen" als Periodenmass zur Verfügung gestellt ist.

Zeugniss ihres hohen Alters und ihrer relativen Aechtheit." Die dritten 480 Jahre Krey's treffen zwar nicht genau zu, weil wir in Nr. 5 sahen, dass Aristobulus I. sich die Königskrone nicht vor dem Jahre 105 v. Chr. aufgesetzt hat; auch erkennt Josephus (Bell. Jud. I, 3, 1) diese 480 nicht an, sondern rechnet 471 Jahre und 3 Monate. Aber auffällig erscheint das ungefähre Zusammentreffen doch immerhin, so dass diese dritten 480 mit ihrem mnemonischen Werth uns warnen können, dass wir vor dem Zahlenspiel auf der Hut seien.

Einige Vermuthungen über die 2 ersten 480 Jahre seien mir noch gestattet. Ich denke, keine dieser Perioden hat ohne künstliche Nachhülfe bei Einzelposten die runde Zahl 480 gewonnen, welche in jüdischen Schulen vielleicht schon lange vor der Zeit des biblischen Chronisten feststand. In den biblischen Text sind bekanntlich nur die ersten 480 eingedrungen, die zweiten nicht, denn die Zahl 480 kommt in der Bibel nur 1 Kön. 6, 1 vor; aus dem Fehlen der Zahl in der LXX dürfte nicht gefolgert werden, dass diese Berechnung den ägyptischen Juden ganz unbekannt gewesen wäre. Wol irrig folgert Movers (Die Phönizier II, 1, S. 144) solche Unkunde für Josephus daraus, dass dieser vom Auszug bis zum Tempelbau 592 Jahre rechnet. Bei den ersten 480 waren viele Einzelposten seit alter Zeit durch die Ueberlieferung gegeben, denn auch blosse Vermuthungen werden überliefert, und es ist undenkbar, dass man erst in der nachexilischen Zeit sich Gedanken über die Grösse vieler dieser Einzelposten gemacht haben sollte. Ich denke vielmehr, dass den alten nachexilischen Chronologen bei Fixirung der ersten 480 Jahre die Qual der Wahl durchaus nicht erspart war; es gab bei einzelnen Posten wol ganz verschiedene Zahlen, so dass für die schliessliche Fixirung ein nicht unbeträchtlicher Spielraum bei dieser ersten Periode gelassen war. Ganz anders verhielt sich's mit der Periode vom Tempelbau bis zur Gründung der zweiten Theokratie, bei der nur ein sehr geringfügiger Spielraum für die prüfende Auswahl gelassen war, wo die meisten Einzelposten nicht nur gegebene Grössen waren, sondern auch wirklich echte, geschichtliche Zahlen. Es fragt sich nun, ob die ersten 480 von den zweiten abhängig sind, oder ob das Umgekehrte der

Fall war. Ich denke, dass beides der Fall war, wenn auch in verschiedener Weise. Die zweite Periode mit ihren meist gesicherten Zahlen liess wenig Schwanken zu und war im Allgemeinen für die Absteckung massgebend, welche man der ersten zur Ausdehnung gab. Dafür aber, dass die zweite Periode grade 480 Jahre erhielt, gab der Umstand den Ausschlag, dass man nicht nur ohne sonderliche Mühe 480 als Zahl der zweiten Periode gewinnen konnte, sondern auch hinreichenden Grund zu haben glaubte, um unter den verschiedenen Summen, die sich für die erste Periode herausstellten, als die auch abgesehen von aller Rücksicht auf die zweite Periode am meisten sich empfehlende Zahl grade 480 zu wählen. Mag diese etwas verwickelte[20]) Vermuthung aber immerhin auf sich beruhen, das wenigstens glaube ich zuversichtlich behaupten zu dürfen, wenn ich die judäische Königsreihe nicht in allen Einzelposten von Systematisirung freispreche, dass ein himmelweiter Unterschied besteht zwischen der **Mühelosigkeit dieser Systematisirung**, die durch leichte Aenderung sehr weniger Posten, ohne dass man sich irgend welcher Willkür bewusst zu werden brauchte, ihr Ziel wie von selbst erreichte, und zwischen der **unendlichen Quälerei** der Paralleldatirungen, mit welchen die Synchronisten ihren harmonistischen Zweck verfolgten, ohne ihn in befriedigender Weise erreichen zu können. Die Vergeblichkeit des Bemühens kann der gerechte Lohn aller harmonistischen Künste heissen, da die geschichtliche Wahrheit sich niemals ungestraft meistern lässt. Wollte aber Jemand zur Entschuldigung der Synchronisten sagen, dass sie ihrer Kunst nicht freien Lauf lassen konnten, sondern durch Bruchstücke echt geschichtlicher Erinnerung (vgl. oben Nr. 6) zum Theil gebunden waren, so würde das doch den Werth der Paralleldatirungen für uns nicht erhöhen können. Die blosse Möglichkeit, dass dieser Masse von Rechnungszahlen auch ein Korn geschichtlicher Ueberlieferung beigemischt sein könnte, hilft

---

[20]) In Anmerkung 18 haben wir gesehen, wie viel einfacher sich die Sache gestaltet, wenn wir die zweiten 480 Jahre nur auf Irrthum zurückführen und alle bewusste Aenderung von Einzelposten ausschliessen.

uns nicht, da die wenigen richtigen Paralleldatirungen durch die Masse der falschen auf den Werth blosser Rechnungszahlen herabgedrückt werden. Soll nun aber nicht zweierlei Mass und Gewicht gehandhabt werden, so darf umgekehrt die Masse der vom vorexilischen Epitomator überlieferten echten Zahlen auch nicht durch eine kleine unschuldige Beimischung von künstlicher Berechnung ihres eigenthümlichen hohen Werthes beraubt werden.

16. Es ist eine sehr bemerkenswerthe Thatsache, dass Krey sein Zahlenspiel zuerst in den für die Zeitmessung der Perioden von 480 Jahren gleichgültigen Jahren des Nordreichs entdeckt hat, während man doch erwarten sollte, die chronologisch für den nachexilischen Juden so unendlich viel wichtigeren judäischen Regierungszahlen seien von der Systematisirung viel eher betroffen worden. Krey schloss seinen Aufsatz, in welchem er den israelitischen Regierungszahlen den historischen Werth absprach, mit den Worten: „Die Reihe der judäischen Könige übrigens und die des Hauses Jehu zeigt eine derartige Künstlichkeit nicht. In ihnen ist daher einstweilen die Basis für die chronologische Untersuchung dieses Zeitraumes anzuerkennen." Die „im Einzelnen deutlich erkennbare methodische Technik," durch welche die für die Regierungen der israelitischen Könige angegebenen Einzelsummen zu Stande gekommen sein sollen, werde ich nachher prüfen. Ich kannte Krey's Aufsatz lange fast nur aus den mir wenig imponirenden Mittheilungen von Wellhausen und Stade, bis es mir jetzt im Anfang des Sommersemesters 1883 als Pflicht erschien, die wenigen Seiten selber sorgfältig zu lesen. Hätte ich die Versicherung, dass einstweilen die judäischen Zahlen noch als möglicherweise echte gelten sollten, früher erwogen, so wäre sie mir für die Sicherheit der hebr. Chronologie sehr wenig tröstlich erschienen, da ich von Jugend auf mit dem neckischen Wesen der Zahlen (vgl. oben Nr. 2 und 3) bekannt geworden war. Wollte ich abergläubisch sein, so müsste ich nach meinen Lebenserfahrungen die Zahl 21, das Product von 3 mal 7, als eine für mich persönlich besonders bedeutsame ansehen und ein Tagewähler werden. Wer hätte, um von den Jahreszahlen der Geschichte ganz zu schweigen, nicht schon ziemlich oft, wenn er sich

z. B. die Geburtstage oder Hausnummern von Verwandten oder Freunden einprägen wollte, dies nun einmal vom dekadischen System unabtrennbare neckische Wesen der Zahlen bemerkt? Krey hat sich durch die 8 Regierungszahlen von Jerobeam I. bis Joram (22, 2, 24, 2, 12, 22, 2, 12, vgl. Nr. 5a), die ja gewiss auffällig sind und durch die von mir am Schluse von Nr. 7 versuchte Reduction auf die genauere Summe der geschichtlichen 95 Jahre wenig von ihrer Auffälligkeit verlieren, gröblich necken lassen und hat den höchst schwankenden Boden der Zahlenmethodik betreten, anstatt nach gesunder Methode mit den allgemein überzeugenden Gründen geschichtlicher Wahrscheinlichkeit zu rechnen. Weder hat er sich klar gemacht, dass Spuren von Systematisirung zu allererst bei den judäischen, nicht aber bei den israelitischen Königen nachweisbar sein müssten, noch hat er sich gesagt, dass die Durchschnittszahl 12, welche ihn trotz dem schlimmen Ela bei den ersten 8 Königen[21]) anlächelte, bei den rasch wechselnden Königen des Nordreiches geschichtlich (vgl. Nr. 12a) gar nicht so bedenklich[22]) ist. Uebrigens lobe ich es, das Krey, dem es gewiss gleich mir um die Wahrheit allein zu thun ist, seine Bedenken offen ausgesprochen und seinen Zweifel energisch weiter geführt hat. Kann ich auch nach meinen bisherigen Studien in Krey's Ausführungen keine positive Förderung der Wissenschaft erblicken, so haben doch gewiss seine Negationen nicht bloss Verwirrung angestiftet, sondern auch sehr dankenswerthe Anregungen zum Weiterforschen gegeben. Wer allein die Wahrheit sucht, wird eine ihr widersprechende Aufstellung verwerfen, mag sie auch

---

[21]) Eigentlich sind's 9, denn es ist bei Berechnung der Durchschnittszahl willkürlich, den Simri wegzulassen, der doch wirklich König war.

[22]) Gutschmid (Neue Beiträge. Leipzig, 1876, S. VII) macht für Berossos, der 45 babylonische Könige, nicht assyrische Grosskönige, in eine Periode zusammenfasse, als inneren Grund geltend, dass diese 45 nur 526 Jahre regierten, und sagt treffend: „ihre durchschnittliche Regierungsdauer von noch nicht 12 Jahren weist entschieden auf wechselnde, unruhige Zeiten." Das stimmt ganz zu dem, was wir vom Reiche Israel wissen. Vgl. ferner Eb. Schrader, Keilinschriften und Geschichtsforschung, S. 466 f.

das Lob „Es liegt Methode darin" wirklich verdienen. Krey und seine Nachfolger haben eine ungangbare Methode mit grossem Scharfsinn einzuschlagen versucht, was früher oder später doch einmal geschehen musste; ihren Bemühungen wird es daher zum guten Theil zu verdanken sein, wenn die Wissenschaft, welche auf so schwierigem Gebiete nur durch Irrthümer hindurch weiter schreiten kann, jenen neckischen Irrweg vermeiden lernt.

Es war wol unvermeidlich, dass Krey seinen Zweifel bald auch auf die anfangs geschonten judäischen Regierungszahlen übertrug, dass dem Suchenden auch hier, wie die an Wellhausen gemachte und von diesem im Jahre 1878 veröffentlichte Mittheilung (Blcek [4] S. 265) zeigt, das Finden nicht zu misslingen schien. Durch den Beifall eines Wellhausen durfte Krey sich wohl in seiner Ansicht bestärkt fühlen, obgleich ich wirklich nicht weiss, ob Krey den im Jahre 1875 erschienenen wichtigen Aufsatz seines Freundes, dessen grosses Verdienst ich oben in Nr. 6 mit warmen Worten hervorgehoben habe, überhaupt gelesen hatte. Wellhausen hat, wie ich denke, mit noch nicht widerlegten Gründen bewiesen, dass die Paralleldatirungen als Rechnungszahlen in einem künstlichen Verhältnisse stehen zu den Regierungszahlen, in welchen der Historiker allein das wirkliche Ueberlieferungsgut zu suchen habe. Hatte aber Wellhausen dies künstliche Verhältniss näher dahin bestimmt, dass die Synchronismen der Regierungsantritte nichts seien als harmonistische Ausgleichungsversuche der in den Regierungszahlen wahrgenommenen Widersprüche, so stellte dagegen Krey (1877, S. 407), der mit Hülfe seiner Zahlenmethodik in den israelitischen Königszahlen „das Produkt eines abstrakt-aprioristischen, in willkürlichen Spielereien sich gefallenden chronologischen Systems" entdeckt zu haben meinte, den in schroffem Widerspruch zu Wellhausen's Beweisführung stehenden Satz auf: „Diesem System zu Liebe ist in der ersten, kleineren Hälfte der Reihe die zwischen der israelitischen Gesammtsumme (98) und der judäischen (95) obwaltende Differenz von 3 Jahren, und in der zweiten, grösseren Hälfte die zwischen jener (144) und dieser (165) obwaltende Differenz von 21 Jahren erst künstlich durch den letzten Bearbeiter der Königsgeschichte geschaffen worden und hat daher keinen Anspruch auf ernsthafte Bemühungen, dieselbe auszugleichen." Wahrlich, ich traute meinen Augen kaum, als ich das las; jedenfalls frage ich mich vergeblich, wo denn Wellhausen seine auch von Stade als werthvoll anerkannte Beweisführung widerrufen und der neckischen Zahlenspielerei zum Opfer gebracht habe. In dem schon erwähnten Nachwort bezeugt Wellhausen die Unabhängigkeit Krey's von den Aufstellungen Nöldeke's und v. Gutschmid's. Da schon Nöldeke in seinen Untersuchungen zur Kritik des A. T.'s 1869, S. 111 sich auf „das an der Berechnung wirklicher und fingirter chronologischer Systeme der verschiedensten Völker geübte Auge" seines Freundes v. Gutschmid berufen hatte, so überrascht es mich nicht, in Wellhausen's Nachwort vom Januar 1877 zu lesen: „Durch eine private Mittheilung Gutschmids weiss ich, dass dieser Gelehrte ähnliche, aber weitergehende und anders begründete Ansichten über die gesammte Chronologie der Königsbücher hegt." Ich erwähne dies nur, weil es sehr wünschenswerth wäre, dass Gutschmid seine Ansichten im Interesse der Wissenschaft veröffentlichte, in welcher ja nur Gründe gelten können, nicht Autoritäten, deren gefeiertste sogar als fehlbare Menschenkinder dastehen. So lange ich die Gründe des mit Recht so berühmten kritischen Historikers nicht kenne, muss ich mich der nicht nur von Stade (Gesch. des Volkes Isr., S. 87, Anm. 2) und mir, sondern auch von vielen andern Gelehrten anerkannten Thatsache getrösten, dass Eb. Schrader (Keilinschriften und Geschichtsforschung. Giessen 1878) auf das mit Recht die Assyriologie zur Besonnenheit ermahnende Werkchen „Neue Beiträge zur Geschichte des alten Orients. Die Assyriologie in Deutschland. Von Alfr. v. Gutschmid, Leipzig 1876" in den Hauptpunkten, wie Stade sagt, siegreich geantwortet hat, d. h. also in gutem Deutsch, dass Schrader im Ganzen dem scharfen Kritiker, der die Bekümmerlichkeit der assyrischen Grosskönige um jüdische Angelegenheiten so seltsam fand, in dieser alle Freunde des A. T's. so nahe angehenden historischen Frage eine empfindliche Niederlage bereitet hat. Doch Gutschmid hat ja andere Gründe als Krey und gewiss bessere, denn es wäre kaum anzunehmen, dass der Aufsatz von Krey allein solchen Eindruck auf Wellhausen gemacht haben sollte. Ich weiss, dass ich gar keine Erfahrung in der Berechnung fingirter chronologischer Systeme besitze und will mich gerne belehren lassen; das aber meine ich auch zu wissen, dass Krey den auf ihn zurückfallenden Vorwurf „willkürlicher Spielereien" schwerlich wird von sich abwälzen können.

17. Wie fascinirend die Zahlenspielerei auch auf Stade eingewirkt hat, dessen Darstellung in seiner „Geschichte" doch die ganze Frage in der verhältnissmässig ausführlichsten und geschmackvollsten Weise behandelt, will ich kurz bemerken, ehe ich die Aufstellungen Krey's weiter zu beurtheilen suche. Auf der leider durch 5 Druckfehler in den Zahlen entstellten Seite 94 legt Stade dem Leser die bekannten Differenzen der 95 und 98 Jahre etc. vor und sagt mit vollem Recht: „Diese Differenzen sucht nun, wie Wellhausen für die erste Periode erwiesen, für die zweite wahrscheinlich gemacht hat, der Urheber der Synchronismen zu vertuschen." Nichtsdestoweniger folgt dann nach der oben in Nr. 1 mitgetheilten Erwähnung der Künstlichkeit der Zahlen und des nachexilischen chronologischen Systems der 2×480 Jahre der befremdliche Satz (S. 96): „Die Zahl, welche als Gesammtsumme der israelitischen Königsreihe angegeben wird, und mit der entsprechenden Summe der judäischen Königsreihe nicht stimmt, erklärt sich nur aus einer Anpassung an jenes System." Sehen wir zu, wie Krey das beweisen will. Wiederholt habe ich schon gesagt, dass man nur für die judäischen Zahlen eine Anpassung an das nachexilische System suchen sollte, da für dieses die israelitischen Zahlen ganz und gar nicht in Betracht kommen. Mit Samaria's Fall ist das Nordreich für immer zu Ende[23]), und etwaige Reste der nörd-

---

[23]) Die durch Gutschmid (Neue Beiträge. 1876, S. 143 ff.) und Wellhausen (Gesch. Isr. 1878, S. 295, auch im engl. Art. Isr.) angenommene gegentheilige Meinung, welche Kaulen (Ass. u. Babyl. S. 201) noch im J. 1882 für richtig hielt, ist von Schrader, der sie früher vertrat (KAT ¹174; KG.9) schon 1879 in den Abh. der Berl. Akad. (vgl. Rob. Smith's Emendandum zu p. 163 seines Buches: The Prophets of Israel. Edinburgh 1882) und später z. B. in Riehm's Handwörterbuch (S. 1347) als eine irrige nachgewiesen worden. Natürlich sind nun mehrere Stellen bei Riehm

lichen Stämme hatten sich dereinst nach jüdischer Ansicht lediglich an Jerusalem und seinen Tempel anzuschliessen. Die späteren Juden besassen für die Königszahlen des Nordreiches, welches beim Tempelbau des Salomo noch gar nicht existirte und auch später niemals in Verehrung des Heiligthums zu Jerusalem sich auszeichnete, schwerlich ein selbständiges Interesse, konnten also auch nicht darauf verfallen, die Dauer des Nordreiches gleich der Hälfte einer heiligen Tempelperiode anzusetzen. Sie haben das auch nicht gethan, denn nur durch Willkür bringt Krey 240 als Hälfte von 480 heraus, während wir in Nr. 5a (98 Jahre 7 Tage) und Nr. 8a (143 Jahre 7 Monate) zusammen 241 Jahre 7 Monate 7 Tage fanden. Betrüge die Dauer des Nordreichs gerade die Hälfte der Dauer des Südreichs, so liesse sich die Vergleichung begreifen, sofern der Frevler leicht in der Hälfte seiner Tage weggerafft wird; aber das Reich Juda währte nach der jüdischen Rechnung nur 393 Jahre, nicht 480, mit welcher heiligen Zahl das Nordreich nicht mehr als Tyrus (Movers, Phön. II, 1, S. 144) zu schaffen hat. Wir werden bald sehen, mit welcher Mühe Krey u. A. die angeblichen 242 Jahre des Nordreiches in 240 verwandelt haben. Zunächst erwähne ich, wie Rob. Smith (s. Nr. 1) S. 211 sich geholfen hat, um dasselbe Ergebniss weniger willkürlich zu gewinnen. Dieser Gelehrte sagt, er könne der willkürlichen und unnöthigen Berechnung der Dauer des Reiches Ephraim zu 242 Jahren nicht zustimmen. Weder dürfe man die überschüssigen 2 Jahre mit Hülfe der *Iewish synchronisms*, die ja keinen Bestandtheil der ursprünglichen Chronologie bildeten, auf die Seite schaffen, noch dürfe man für Sacharja und Sallum 1 Jahr rechnen, da Jehoahas in Jer. 25 auch nicht mitgerechnet werde. Die wahre Summe sei 241, und das epochemachende Jahr von Samaria's Fall müsse in Abrechnung gebracht werden, wie das bei den judäischen Perioden geschehe; so dauere denn das Reich gerade 240 Jahre. Mir leuchtet das Abziehen des *epoch making year* keineswegs ein. Bei den judäischen Perioden,

---
(z. B. S. 979 eine von Kleinert angenommene Hypothese Gutschmid's), welche sich auf die ältere Meinung stützten, hinfällig geworden; übrigens vgl. Nöldeke in Z. D. M. G. 1882, S. 179, der Gutschmid's Warnung vom J. 1876 dadurch nur wieder gerechtfertigt findet.

die eine fortlaufende Zeitrechnung bilden, lässt sich das letzte Jahr au die Spitze der folgenden Zeitreihe setzen. Aber welche Periode beginnt für das Nordreich mit dem Untergange desselben im 9. Jahre Hosea's, hinter welchem das reine Nichts liegt?

Ich theile jetzt aus Krey's Aufsatz zwei Absätze wörtlich mit (S. 404): „Von Jerobeam I. bis Joram begegnet 2mal 22, 2mal 12, 3mal 2, 2mal 22, 2 und 2, 12; ferner im Anfang 22, 2, 24 und zum Schluss 22, 2, 12. Die Gesammtsumme der 6 letzten Könige Israels ergibt bei gleicher Vertheilung 7 Jahr für jeden Einzelnen, und die Gesamtsumme von Jehu bis Hosea beträgt 144 (= 12×12) Jahre."

„Rechnet man Ela = 0 Jahre, so kommen auf die 4 ersten Könige 48, auf Omri's Haus (wiederum 4 Könige) auch 48, d. h. also von Jerobeam I. bis Joram durchschnittlich 12 für den Einzelnen. Die beiden 22 (Jerobeam I. und Ahab) und der Ausschluss Ela's bedingen die Ungleichheit der Vertheilung, jene die beiden 2 (Nadab und Ohozias), dieser die eine 24 (Baesa). Die Gesammtsumme aller Könige Israels (Ela = 0 gesetzt) = 240 = 480/2; die faktische Gesammtsumme = 242 (= 230 + 12). Würden sämmtliche Glieder der Reihe nach demselben Princip behandelt sein, welches von Jerobeam I. bis Joram gilt, so würde sich als Gesammtsumme ergeben = $12 \times 18 = 216 = 215 + 1$; allein die Reihe von faktisch 18 Gliedern ist behandelt, als enthielte sie 20 (= 40/2), daher = 240."

Da Krey meint: „Diese Thatsachen reden in ihrer nackten Zusammenstellung deutlich genug", so will ich vor Mittheilung des dritten grösseren Absatzes nur wenige Bemerkungen über obige zwei Absätzchen hier vorbringen. Mir scheint, die angeblichen Thatsachen reden so deutlich, dass eine lange Erörterung wirklich überflüssig ist. Die faktische Summe von 242 ist nicht besser, als die faktischen 18 israelitischen Könige, bei deren Zählung die Auslassung Simri's, wie gesagt, willkürlich ist, so dass das „wiederum 4 Könige", weil nach der Geschichte 5 vorhergingen, wiederum unberechtigt ist. Kommen nach Rob. Smith für die Reihe der Jahrsummen Sacharja und Sallum nicht mit in Betracht, so zählen die 6 letzten Könige 41, also nicht 7×6; von Jehu an sind's dann 143, also nicht 12×12, endlich von Jerobeam I. an 241 Jahre, also nicht 242, so dass die Erwägung Krey's, ob nicht die 242 wegen ihrer inneren Symmetrie (cf. die 595, 969 und 777 in Genes. 5) bemerkenswerth sei, von selbst wegfällt. In zwei Punkten bin ich merkwürdig mit Krey zusammengetroffen, bei Ela = 0 Jahr und in den 216 Jahren. Aus geschichtlichen Gründen (vgl. Nr. 7) habe ich Ela kein besonderes Jahr gegeben; Krey lässt ihn ausfallen, weil ihn die vielversprechende Zahl 96 anlächelt, und geräth dadurch, wie wir sehen werden, in Verlegenheiten. Was aber die Zahl 216 betrifft, welche ich als die geschichtliche Zahl der Jahre, welche das Nordreich dauerte (vgl. Nr. 9 am Ende), ermittelt zu haben glaube, so macht mich die Wahrheit, dass $12 \times 18 = 216$ ist, an der Richtigkeit meiner Aufstellung ebenso wenig irre, als die „Thatsache", dass $216 = 215 + 1$ ist. Ich denke die späteren jüdischen Gelehrten haben genaues Rechnen, z. B. einfaches Addiren, ebenso gut verstanden, als Ezechiel; daher erscheint es mir als Willkür, 216 für eine ungefähre 215 zu erklären. Die der künstlichen pentateuchischen [24]) Chronologie angehörigen Zahlen 215 und 430 können mich hier nicht kümmern, da die Reichsjahrbücher eine historische Quelle sind. Den hohen Werth des Königsbuchs und der Zahlen des Epitomators kann keine Vergleichung mit dem Pentateuch mindern, vgl. besonders Nr. 10 ff.

18. Der überaus interessante, grössere dritte Absatz, welchen ich aus Krey's Aufsatz (S. 405 ff.) noch wörtlich mittheilen will, lautet: „Störend ist hinsichtlich der Reihe von Jerobeam I. bis Joram uns Zweierlei, die Ansetzung der beiden 22 für Jerobeam I. und Ahab, und der Ausschluss des Ela bei der Vertheilung der 2×48 Jahre, während er doch bei der Berechnung der Gesammtsumme nicht ausgeschlossen, sondern mit 2 angesetzt wird. Will man das Erstere zu erklären ver-

---

[24]) Durch Abzug der Gen. 12, 4 genannten 75 von den ob. S. 48 erwähnten $100+60+130 = 290$ gewinnt man bekanntlich 215 Jahre für die Dauer des Wohnens der Patriarchen in Kanaan. Diese künstliche Zahl ist genau die Hälfte der 430 Jahre, welche wir Ex. 12, 40 für das Wohnen der Kinder Israel in Aegypten angegeben finden. Vgl. über die sehr späte Fixirung systematischer Zahlen des Pentateuchs Dillmann's lehrreichen Vortrag in der Berl. Akad. vom 1. März 1883 (Sitzungsberichte S. 333 ff.).

suchen, so darf wohl nicht übersehen werden, dass gerade die beiden Könige in chronologischer Hinsicht unter einander gleichgestellt, vor den übrigen aber herausgehoben werden, welche auch in antitheokratischer Ruchlosigkeit einander gleichkommen, die übrigen aber gleich sehr übertreffen. Was den Ela betrifft, so erklärt sich die Incongruenz der zwiefachen Behandlung aus der Incongruenz eines zwiefachen Interesses, welches den Schöpfer (oder die Schöpfer) dieses chronologischen Systems leitete. Das eine Interesse ist auf die Gesammtsumme der ganzen Königreiche gerichtet, das andere auf die bedeutungsvolle innere Gliederung derselben. Die Gesammtsumme sollte $= 480/2 = 240 = 20 \times 12$ werden; 18 Könige waren aber nur vorhanden, und die Reihe derselben zerlegte sich durch die epochemachende Usurpation Jehu's in 2 Reihen, die eine zu 8, die andere zu 10 Gliedern. Diese gegebene Gliederung konnte unser Chronologe nicht umstossen; 18×12 aber hätte nur 216 ergeben; um zum Zweck zu gelangen, blieb also nichts anderes übrig, als die Reihe von 10 Gliedern so zu behandeln, als wären es 12; da aber 12 eine bedeutsame Zahl war, so wäre es unserm Chronologen verdriesslich gewesen, wenn nicht auch die erste Reihe eine gleiche Bedeutsamkeit gezeigt hätte; darum behandelte er flugs die 8, als wäre sie eine 7, vertheilte die zu vertheilenden 8×12 auf 7 und liess den 8. leer ausgehen. Dazu erwählte er, um die bedeutsame Gliederung zu vollenden, den 4. König der Reihe; denn so stellte sich die 7 in 2 bedeutungsvollen Gruppen dar, die eine zu 3, die andere, welche zugleich als eine besondere und der Auszeichnung werthe Dynastie sich abschloss, zu 4. Da es nun aber schliesslich unmöglich war, den Ela thatsächlich mit 0 anzusetzen, so gab er ihm, weil auf diese Weise die Abweichung von der beabsichtigten 240 möglichst gering wurde und zugleich eine symmetrische Gesammtsumme entstand, eine 2. Zugleich ergab sich dadurch, dass so die 2 in der kurzen Reihe von Jerobeam I. bis Joram höchst geheimnissvoll 3mal erscheint, und zwar in sehr geheimnissvollen Abständen; denn die beiden ersten 2 bilden mit der dazwischen stehenden 24 eine Gruppe von 3, die beiden letzten mit der dazwischen stehenden 12 und 24 eine Gruppe von 4 Gliedern, so dass innerhalb der

8 gliedrigen Reihe dasselbe Princip, welches das Ganze derselben beherrscht, sich mit geringer Modification wiederholt; auch entspricht die 2 bei Ela der Zweiheit der Gruppen, welche durch Ela's Regierung auseinander gehalten werden."

Ich halte es für überflüssig, im Einzelnen auseinanderzusetzen, was mir in dieser Darstellung alles „störend" erscheint, bezweifle auch, dass viele Leser an „unserm Chronologen" Gefallen finden werden, der so raffinirt und geheimnissvoll verfährt, zugleich aber, um Verdriesslichkeiten aus dem Wege zu gehen, mit der Geschicklichkeit eines Taschenspielers „flugs die 8 behandelt, als wäre sie eine 7". Gröbere Selbsttäuschungen, das muss ich gestehen, habe ich sogar in den Zahlenspielereien[25]) Hengstenbergs und seiner Schule niemals gefunden. Man erkläre doch lieber die ganzen Reichsjahrbücher für eine leere Fiction, so wird man einfacher, als durch solche Quälereien, zum Zweck gelangen. Doch, wir dürfen Krey nicht Unrecht thun, denn er hält es für möglich, dass dem Redaktor des Königsbuchs (vgl. S. 408) einzelne feststehende chronologische Data vorlagen, denen er sich bei seinem systematischen Zuschnitt anbequemen musste. Verfuhr aber der „Redaktor" mit einer so bodenlosen Willkür, wie Krey ihn in dem eben mitgetheilten Absatz verfahren lässt, so kann ich's nur für eine neue starke Selbsttäuschung halten, dass der Anker der historischen Forschung in diesem Meere von Unberechenbarkeiten jemals festen Boden finden sollte.

19. Was Wellhausen aus Krey's Ausführungen gelernt zu haben glaubte, ist nach seinem Nachwort vom Januar 1877 Folgendes: „Lässt man Ela's 2 Jahre ausser Acht, so kommen auf die nordisraelitischen Könige insgesammt 96+144 = 240 Jahre, d. i. die Hälfte der Periode vom Tempelbau bis zur Gründung der zweiten Theokratie. Alles in Allem sind es 20

---

[25]) Ich erinnere auch an den Beweis für die Heiligkeit der 7, deren unleugbare Bedeutsamkeit mit den Mondphasen ebenso zusammenhängt, als die der 10 mit den Fingern; weil das aber nicht geheimnissvoll genug erschien, so ging man davon aus, dass 7 = 3+4 ist und gewann die Heiligkeit der 7 aus 3 als der Zahl Gottes und aus 4 als der Zahl der Welt! Doch vgl. H. Schultz, Alttest. Theol. ²1877 Anm. 2.

Könige, wenn man Zimri, Thibni und Sallum mitrechnet; bei gleicher Vertheilung kämen auf jeden 12 Jahre. Es sind aber in Wahrheit vertheilt: in der ersten Periode 2 mal 48 Jahre auf 4 und 4 Könige, in der zweiten Periode 144 auf 9 Könige. Für die erste Periode ist also 12, für die zweite 16 die Grundzahl. Die einzige Schwierigkeit dieser Rechnung, die Hr. Krey nicht ganz beseitigt hat, sind die 2 Jahre Ela's. Man sollte statt 24 Baesa und 2 Ela erwarten 22 Baesa und 2 Ela." Die Geschichte, wie sie uns im biblischen Königsbuch vorliegt, kennt weder 20, noch 18 israelitische Könige, sondern lediglich 19, während die angeblichen Grundzahlen gar nur für 17 Könige berechnet werden, für 8 der ersten und 9 der zweiten Periode. Die Jahre der Nimsiden, die Einzelposten der durch die assyrischen Inschriften so vorzüglich gedeckten 102 Jahre (vgl. Stade's Zeitschrift 1883, S. 199), sehen so geschichtlich wie möglich aus; darum findet Wellhausen auch noch bei Bleek⁴ S. 264 die Art der Vertheilung von Jehu bis Hosea unklar, meint aber doch, es sei Gewicht darauf zu legen, dass 144 durch 9 aufgeht und 16 ergibt. Darauf kann ich in der That kein grösseres Gewicht legen, als auf die innere Symmetrie der Zahl 242. Merkwürdig dagegen ist die nicht durch Zahlenspielerei, sondern auf geschichtlichem Wege (vgl. Nr. 12 a) gefundene Gleichung $16 \times 22 = 352$. Vergleichen wir nun Bleek⁴ 264 mit Gesch. Isr. 286, wo beidemal die judäischen Jahre von Rehabeam bis Ahasjahu nicht zu 95, sondern falsch zu 96 angegeben sind, so finden wir die einzige Schwierigkeit von Krey's Rechnung, wie es scheint, in folgender Weise durch Wellhausen ganz beseitigt. Dieser scharfsinnige, für eindringende geschichtliche Forschung so ungewöhnlich begabte Kritiker lässt sich durch das Zahlenspiel necken und schreibt folgendermassen:

„Rundet man die 242 Jahre des Nordreichs auf 240 ab, so muss man die 98 in 96 verwandeln, die dann den gleichzeitigen 96 judäischen Jahren entsprechen, und zwar muss man den Abzug bei der Regierung Baesa's machen. Denn dann entsteht folgendes Spiel:

Jerobeam 22, Baesa 22, Omri 12, Ahab 22, Joram 12."
Nadab 2, Ela 2, Ahazia 2.

Das Spiel, welches bei Stade (Gesch. S. 96) mit der natürlich

nur auf einem Versehen beruhenden Weglassung von „Joram 12"
abgedruckt ist, muss wunderbar niedlich heissen, wenn es auch
nur auf der Einbildung der Spielenden beruht. Warum „muss
man" die falsche Zahl 242 auf eine halbe Tempelperiode abrunden? Warum „muss man" dem Baesa 2 Jahre abziehen?
Antwort: weil dann ein so wunderbar niedliches Spiel entsteht!
Krey operirte schon mit allen möglichen bedeutungsvollen Zahlen
und brachte ein ganz hübsches Spiel zu Stande, liess aber
dem Baesa noch seine biblische Zahl 24 und meinte zu wissen,
dass nur Jerobeam I. und Ahab, die jeder 22 Jahre haben,
durch ihre **antitheokratische Ruchlosigkeit** alle übrigen
Könige übertroffen haben. Bei dem Spiel, das Wellhausen und
Stade ihren erstaunten Lesern vorführen, **scheint** „unser Chronologe" gar nicht durch geschichtliche Gründe gebunden, so
dass sein Absehen ganz frei auf ein möglichst schönes Spiel[26])
gerichtet war, und unter dieser Voraussetzung kann man allerdings auf den Satz kommen: „Je schöner das Spiel ist, welches
wir ermitteln, desto sicherer dürfen wir annehmen, dass unser
Chronologe grade dieses im Sinne gehabt hat." Wenigstens
sagt Wellhausen: „Die 8 Könige zusammen haben 96, die ersten
4 und die letzten 4 je 48 Jahre, 2 den Durchschnitt von 12;
bei den übrigen 6 theilen sich 3 Paare von Vater und Sohn so
in die ihnen zukommenden 2×12 Jahre, dass der Vater 12+10,
der Sohn 12−10 bekommt — offenbar weil der Vater für viel
wichtiger gilt als der Sohn." Ich kann unmöglich glauben, dass
Wellhausen die geschichtlichen Gründe, welche nöthigen, für die Re-

---

[26]) Sonst wird Nachdruck darauf gelegt, dass die Ebenmässigkeit
der fingirten Zahlen den Schein der Wirklichkeit nicht zerstöre, die
Fiction nicht als solche verrathe. In der Reihe von Jerobeam I. bis
Joram muss der Zahlendichter, dessen Kunst Krey zuerst, wenn auch
noch nicht ganz, durchschaut hat, seine sonstige Vorsicht im Verhüllen
der künstlichen Zahlen ganz ausser Acht gelassen haben. Stade beruft
sich auf den von Nöldeke (Untersuchungen etc., S. 117) auseinander-
gesetzten Kunstgriff, der die so natürlich aussehenden Zahlen in Num.
Kpp. 1 und 26 möglich machte, und folgert daraus ein gewisses Recht, die
Zahl 242 für 240 nehmen zu dürfen, macht aber der Kunst zu Ehren von
diesem Rechte keinen directen Gebrauch.

gierungen des Jerobeam I., Baesa und Ahab viel mehr Jahre anzusetzen, als für die ihnen nachfolgenden Söhne, gleich Null anschlägt; vielmehr wird Wellhausen selbst denken, dass in diesen Fällen der Vater unverhältnissmässig wichtiger war als der Sohn, nicht nur für wichtiger angesehen wurde. Ich hebe es mit Nachdruck hervor, dass von mir persönlich so hoch geachtete Forscher wie Wellhausen, Stade und Rob. Smith die Zahlenspiele nur aufdecken wollen, um den festen Boden der geschichtlichen Wahrheit zu gewinnen, und wenn namentlich Stade in seiner Geschichte des Volkes Israel erst an die Könige von Nordisrael und Juda kommen wird, so zweifle ich durchaus nicht, dass wir in sehr vielen Dingen völlig übereinstimmen werden. Erklärt doch Stade, Gesch. S. 97 ausdrücklich, nachdem er gesagt hat, dass alle Zahlen, welche nicht durch eine ausserhalb des Königsbuches sich findende Ueberlieferung gedeckt sind, ohne historische Gewähr seien: „Damit soll nicht gesagt sein, dass sie sämmtlich auf freier Erfindung beruhen — ganz im Gegentheil wird die weitere Untersuchung des Geschichtsverlaufes zeigen, dass die Zeiträume desselben nicht gänzlich durch jene chronologische Ueberarbeitung verwischt werden konnten." Um so mehr ist es meine Pflicht, die Selbsttäuschung, in der sich m. E. die genannten Gelehrten mit ihrem Zahlenspielen befinden, möglichst gründlich aufzudecken.

20. Aus der Auffälligkeit der Reihenfolge (vgl. Nr. 7 und 16) der Zahlen von Jerobeam I. bis Joram muss ich grade folgern, dass wir es hier mit überlieferten, wesentlich geschichtlichen Angaben zu thun haben; ein Zahlendichter würde ja der grösste Stümper gewesen sein, wenn er nicht ein natürlicheres Aussehen der Einzelposten zu Stande gebracht hätte. Ich muss daher die 24 Jahre des Baesa gegen Wellhausen's zu grosse Kunst in Schutz nehmen. Fragen wir nun, warum Stade auf die ihm mögliche (s. Anm. 26) Rechnung der 242 für 240 verzichtet; wir lesen in seiner Gesch. S. 96: „Allein wenn wir genauer zusehen, so ergibt sich, dass die Reihen von Jerobeam bis Jorams Tod und von Jehu bis zur Zerstörung Samariens überhaupt nur 240 zählen sollen, aus den einzelnen Zahlen. Jenes zu eliminirende Plus von 2 Jahren enthält die erste Periode. Hier regieren 8 Könige zusammen 98 Jahre. Die überflüssige

2 steckt in der Regierung Ba'schas, gibt man ihm statt 24 vielmehr 22 Jahre, so regierten diese 8 Könige zusammen 96 Jahre etc." Ich muss diese Quälerei mit den überschüssigen 2 Jahren als unnatürlich und ungeschichtlich bezeichnen, als eine trotz dem Unbewussten recht gesuchte Spielerei, wie ich mir wol manche bilden könnte.

Versuchen wir's doch einmal mit 22 als der Zahl der antitheokratischen Ruchlosigkeit. Es verdient Anerkennung, dass Krey sich überhaupt um einen geschichtlichen Grund bemühte und so den nachweisbar vorhandenen deuteronomistischen Massstab für den religiösen Werth der Könige in Anwendung brachte, wenn es auch nicht in richtiger Weise geschah. Der Epitomator hat wirklich die Könige nach ihrer Stellung zum Gottesdienst beurtheilt, und diese Urtheile sind historisch für uns sehr worthvoll, wenn wir sie auch natürlich in unsere Sprache zu übersetzen haben. Die beachtenswerthe (vgl. Bleek⁴ S. 259) Ansicht des Judenthums gibt Luther Sir. 49, 5 mit den Worten: „Alle Könige, ausgenommen David, Ezechia und Josia, haben sich verschuldet." Ist's nun nicht bedeutungsvoll, dass diese drei frömmsten Könige grade 100 Jahre (40+29+31) regiert haben? Diese geschichtlichen 100 bilden ein Gegenstück zu (vgl. Nr. 10) den im Ganzen so traurigen 100 Jahren vom Regierungsantritt des Manasse bis zur Zerstörung von Tempel und Reich durch die Chaldäer. Bei Asa (reg. 41 Jahre), Josaphat (25 J.), Jehoas, Amazja, Usia und Jotham stellt sich schon der Tadel ein, denn diese 6 Könige thaten zwar auch, was recht ist, schafften aber die Höhen nicht ab; noch mehr liessen die andern judäischen Könige es an der rechten theokratischen Frömmigkeit fehlen, und dieser Mangel, könnte man denken, wird durch die Grundzahl 11, die Hälfte von 22, ebenso geheimnissvoll als bedeutsam in den Regierungszahlen zum Ausdruck gebracht. Betrachten wir zunächst die halbfrommen Könige, so regierten Asa und Josaphat zusammen 66 Jahre $= 22 \times 3$ oder 11×6. Ebenso klar liegt die methodische Technik vor bei den biblischen Zahlen von Jehoas, Amazja und Usia, denn $40+29+52$ sind zusammen $121 = 11 \times 11$ Jahre. Die geschichtliche Zahl 121 ergab sich uns allerdings für das Nordreich von Jehu bis Hosea; mit Ewald's (Gesch. ³III, S. 644) König Qobol'am, der mit nicht minderm Recht als Thibni sich mitzählen liesse, brächten wir grade 11 Könige heraus, und jedenfalls ist $121 = 11 \times 11$. Auch für die 98 israelitischen Jahre von Jerobeam I. bis Joram, wo wir wirklich 9 Könige haben, lächelt uns die Grundzahl 11 an, da unser Chronologe, um seine Methode nicht gar zu öffentlich zur Schau zu stellen, mit feinem Kunstgriffe die 99 behandelte, als wäre sie eine 98. Kehren wir indess von den ja sämmtlich gottlosen nordisr. Königen zum Südreich zurück, so bleiben einstweilen die 16 Jahre des halbfrommen Jotham noch unerklärt, wie dasselbe von den 2 Jahren des Amon[27]) gilt, während sonst in der Periode von Athalja bis Zedekia die Thatsachen deutlich genug zu reden scheinen; denn Athalja und Ahas haben in der Bibel $6+16 = 22$ Jahre, Manasse 55, endlich Jojakim und Zedekia je 11.

Sollen wir nun die störenden $16+2$ Jahre des Jotham und Amon $= 18$ aus $11+7$ zusammensetzen und hier die Mischung von Gottlosigkeit und Frömmigkeit angedeutet finden, oder lieber, da jenes doch gar zu geheimnissvoll wäre, an das Mittel des Eliminirens denken? Allein auch das hilft uns nicht, da sich's um judäische Jahre handelt, welche eine fortlaufende Zeitrechnung bilden, nicht um israelitische, bei denen schon nach Herzenslust eliminirt werden könnte. Blicken wir nun auf die noch übrigen gottlosen Könige Juda's, so liegt nicht nur bei Abiam (3) und Jehoram (8) die Zahl 11 $(= 3+8)$ unverkennbar vor, sondern wir finden merkwürdig genug für Rehabeam (17) und Ahasjahu (1 Jahr) abermals die noch unerklärte 18. Die Erklärung der so bedeutsam wiederkehrenden 18 ergibt sich jedoch dem Betrachter der antitheokratischen Ruchlosigkeit durch einen Blick auf die Cultusreform im 18.

---

[27]) Rob. Smith (p. 211) hat die gleichsam auf der flachen Hand liegende Grundzahl 11 auch für die Addition von Amon (2 Jahre) und Josia (31) verwerthet, um 3×11 zu gewinnen. Ich füge hinzu, dass die geschichtlichen Zahlen für Abiam (3) und Asa (41) zusammen 4×11 ergeben, die für Abiam und Amazja (19) zusammen 2×11, die von Ahasjahu bis Amazja $(1+6+40+19)$ zusammen 6×11. Den 66 Regierungsjahren des Asa und Josaphat stehen gegenüber die 33 von Josaphat und Jehoram etc., vgl. oben Nr. 3. 9. 12a.

Jahre des Josia, ein Ereigniss, dem wir, wenn wir es auch mit unsern Augen ansehen, doch alle eine unermessliche Tragweite zuschreiben. Man könnte zwar Bedenken tragen, den frommen Josia auch nur ganz entfernt, sofern wir nämlich die zweimal 18 für Jotham und Amon und für Rehabeam und Ahasjahu als Rest ja durch Anwendung der 11 ermitteln, mit der gottlosen 11 zusammenzubringen; aber hat er nicht die 2 Kön. 23 verzeichneten entsetzlichen Gräuel bis in sein 18. Regierungsjahr nach dem klaren, wenn auch für den Chronisten unfassbaren Zeugnisse der Geschichte geduldet? Die 17—18 Jahre (eine kleine Differenz von höchstens 1 Jahre würde durch künstliche Verhüllung der Rechnung sich erklären) des vom frommen Josia erduldeten und gedultenden scheusslichsten Götzendienstes spiegeln sich also in den Regierungszahlen einerseits von Rehabeam und Ahasjahu, anderseits von Jotham und Amon wieder; für Nachweisung der geheimnissvollen Beziehungen zwischen diesen 5 Königen liesse sich allerlei sagen. Aber statt weiterer Spielerei genüge der Hinweis auf die endlosen, oft recht unerbaulichen Spielereien der Typik, auf die allegorische Auslegung, welche an die Stelle der geschichtlichen Exegese des Gegebenen ein willkürliches, freilich einen bestimmten Zweck verfolgendes Spiel der Einbildungskraft setzt, auf die zahllosen vermeintlichen Entdeckungen der sogenannten Tendenzkritik, welche sich die für die Förderung der Wissenschaft wahrlich nicht unwichtige Tübinger Schule hat zu Schulden kommen lassen, auf die stets wieder auftauchenden und mit Ley und Bickell sicher noch lange nicht zur Ruhe gekommenen Selbsttäuschungen der Entdecker einer hebräischen Metrik. Ein geistreicher und mit Recht hoch angesehener Forscher konnte in jungen Jahren den Versuch wagen, den kanonischen Lucas als aus dem Evangelium des Marcion entstanden zu erweisen. Wie sich dieser Weg als ein für die neutestamentliche Wissenschaft ungangbarer herausgestellt hat, so wird es auch nach meiner Ueberzeugung dem Ansehen der alttestamentlichen Wissenschaft nur nützlich sein, wenn die Gelehrten, welche sich durch die Zahlenspielerei auf einen falschen Weg haben locken lassen, ihren Irrthum bald erkennen und, was dasselbe ist, aufgeben.

21. Um dem Leser das ganze Material vorzulegen, muss

ich schliesslich noch den neueren Beitrag von E. Krey und den Versuch von Rob. Smith mittheilen. „Ausserdem hat", so lesen wir bei Wellhausen (Bleek ⁴265), „E. Krey folgendes Spiel der Zahlen 40 und 80 in den judäischen Posten beobachtet a) bis zur Zerstörung Samariens im 6. Jahr Hiskia's: Rehabeam Abia 20, Asa 41, Josaphat Joram Ahazia Athalia²⁸) 40, Joas 40, Amasia Azaria 81, Jotham Ahas Hiskia 38. Namentlich 41+81+38 giebt zu denken. b) von da bis zum letzten Datum, dem 37. Jahre Jojachins: Hiskia Manasse Amon 80, Josia, Joahaz Jojakim Jojachin 79¹/₄". Auch Stade, der übrigens

---

²⁸) Die wenig natürliche Zusammenfassung dieser vier Regierungen nennt Rob. Smith (S. 210): the period of the influence of the house of Omri on Judah. Aber Josaphat, der mit seinen 25 Regierungsjahren von diesen 40 Jahren den Löwenantheil erhalten und ja gleichzeitig mit Ahab, Ahasja und Joram regiert hat, gehört nach Winer's richtiger Bemerkung zu den Lieblingen der biblischen Chronik, wird also von der antitheokratischen Ruchlosigkeit sich nicht haben anstecken lassen. Smith denkt also wol nur an den politischen Einfluss, und es steht fest, dass Josaphat, dessen Vater Asa mit dem Nordreiche im Kriegszustande gewesen, sich mit Ahab in nahe politische Verbindung, welche Nöldeke sich als eine Art judäischer Vasallenschaft denkt, eingelassen und seinem Sohne Jehoram die Ahabstochter Athalja (2 Kön. 8, 18) zum Weibe genommen hat. Wenige Jahre vor Josaphat's Tod betheiligte er sich an dem Kriegszuge gegen die Syrer, der dem Ahab den Tod brachte; von früherer Betheiligung des Josaphat an politischen Unternehmungen des Hauses Omri wissen wir nichts ausser der genannten Verheirathung, die wir nach den von Ewald und Nöldeke mit Recht anerkannten Alterszahlen einigermassen chronologisch fixiren können, vgl. Nr. 10. Als 35jähriger Mann bestieg Josaphat den Thron, dem im Alter von 28 Jahren (60—32) Jehoram geboren war; bei Josaphats Thronbesteigung war also sein Sohn Jehoram erst 7 Jahre alt, so dass es wol erst 10 Jahre später zur Verheirathung Jehorams gekommen ist, wie denn Jehoram bei der Geburt des Ahasjahu 18 Jahre (40—22) alt war. Daraus schliesse ich, dass von der angeblichen 40jährigen Periode des Einflusses des Hauses Omri ˙ auf Juda ein volles Viertel zu streichen wäre. Bekanntlich verstand Ewald (Gesch. ³III, 508) die 10 Jahre Ruhe, welche Juda nach 2 Chr. 13, 23 hatte, von den letzten Jahren Asa's; auch ich finde es wahrscheinlich, dass schon Omri „eine friedfertige Stimmung gegen Juda zu einem seiner ersten Grundsätze erhob", mithin Josaphat die patriotische Politik seines Vaters Asa nur einfach fortsetzte.

Jechonja's Befreiung aus dem Kerker gegen Ende des 37. Jahres seiner Wegführung nicht verwerthet, also die 79 $\frac{1}{4}$ Jahre ignorirt, erkennt in diesem Zahlenspiel das Ergebniss kunstmässiger Berechnung, welche nur bei Jehoas die Grundzahl 40, wie bei David und Salomo, nackt zu Tage treten lasse, sonst aber sie durch einen Kunstgriff verdecke. Der Kunstgriff besteht also theils in der Zusammenfassung mehrerer Regierungen, z. B. von Josaphat bis Athalja inclusive, theils darin, dass das Plus der Zahlen 41 und 81 über die Grundzahl durch das Minus der 38 sich compensirt. Da haben wir wieder ein niedliches Zahlenspiel, das Manchen necken kann, von welchem aber vor E. Krey m. E. keine Menschenseele eine Ahnung gehabt hat. Oder hat schon Jemand vor mir berechnet, dass die Jahre des Evilmerodach bis zum Ende des Kambyses ebenso gut die bedeutsame Zahl 40 ergeben, als Ludwig Philipp, die zweite Republik und das zweite napoleonische Kaiserthum? Durch den doppelten Kunstgriff des Addirens und Compensirens bringt Krey das Spiel zu Stande. Ich verzichte auf den Versuch, ob nicht auch die Alterszahlen (Nr. 10) zu künstlichem Spiel verwendbar sind. Ganz unbedenklich erscheint mir die Annahme, dass Ahas im Alter von 20 Jahren den Thron bestieg und nach 20jähriger Regierung im Alter von 40 Jahren starb, dass auch Jehoram nur 40 Jahre alt wurde und Jehoas grade 40 Jahre lang regierte. Die Zahl 40 spielt also jedenfalls eine gewisse Rolle, wie sich auch die biblische Zahl für die Dauer des Reiches Juda, die nur um die heilige 7 von 400 abstehende und durch innere Symmetrie ausgezeichnete 393 uns nur um stark 40 über die geschichtliche Wirklichkeit hinaus verlängert erwiesen hat. Wir haben ja von den 16 Jahren des Jotham 15 für die fortlaufende Zeitreihe nicht berechnet, dem Amazja, Usia und Manasse je 10 Jahre gestrichen und diese $15+30 = 45$ Jahre durch Verlängerung der 16 des Ahas zu 20 auf 41 ($= 45-4$) zurückgeführt, um von 937—586 v. Chr. grade $393-41 = 352 = 16 \times 22$ Jahre zu gewinnen. Wie ich das Zusammentreffen des „letzten Datums" (2 Kön. 25, 27) mit den 37 Jahren, welche Salomo nach Beginn des Tempelbaues noch regierte, ganz unbedenklich finde, so stört mich die mögliche Auseinanderlegung der geschichtlichen 352 Jahre in die Einzelposten 202 (von

Rehabeam bis Usia) + 50 (Jotham 1, Ahas 20, Hiskia 29) + 100 (von Manasse bis Zedekia) eben so wenig, als die von mir (nach Analogie der Rechnung von Krey) vorgenommene Zerlegung der Zahl 202, deren innere Symmetrie beiläufig bemerkt werden mag, in die Einzelposten 20 (Rehabeam, Abia) + 41 (Asa) + 40 (Josaphat bis Athalja) + 40 (Jehoas) + 61 (Amazja, Usia). Aus allgemeinen geschichtlichen Gründen halte ich nicht minder als Wellhausen die Gleichung 722 v. Chr. oder Fall des Nordreichs = 6. Jahr Hiskia's für falsch; dagegen huldige ich der gewöhnlichen[29]) Ansicht, die mit dem gleichzeitigen Antritt von Jehu und Athalja eine Periode beginnt, während Krey die Athalja mit Josaphat zusammenschweisst.

Dies bahnt uns vielleicht den Weg zu der wirklich interessanten Periodenberechnung eines ausgezeichneten Gelehrten, der als muthiger und durch die Verfolgungen der thörichten schottischen Orthodoxie ungebeugter Vertreter einer freieren wissenschaftlichen Durchforschung des A. T.'s auch bei uns in Deutschland die höchste Achtung geniesst, ich meine zur Berechnung des scharfsinnigen W. Robertson Smith, welche in Deutschland wol nur wenigen Lesern[30]) bisher bekannt geworden ist. Werfen wir nämlich einen Blick auf die in Nr. 8b vorgelegte Tabelle von Athalja bis zum 6. Jahre des Hiskia und erinnern wir uns (vgl. Nr. 17) des falschen, aber meinen verehrten Gegnern gleich einem Axiom feststehenden Satzes, dass die Dauer des Nordreiches 240 Jahre oder eine halbe Tempelperiode betragen haben soll, so gewinnen wir durch Abstreichung der 6 Jahre Athalja's von der Summe 165 beinahe

---

[29]) Ursprünglich (vgl. Nr. 18) wurde „die epochemachende Usurpation Jehu's" von Krey anerkannt; aber der Gewinn der beiden 40 (Joram's 12 und Jehu's 28 machen ja auch 40) war so verlockend, dass die mit Zahlen Spielenden den Beginn der neuen Periode neuerdings ignoriren.

[30]) Erst durch die Güte des Herausgebers der Giessener „Zeitschrift für die alttestamentliche Wissenschaft" wurde ich im April d. J. mit Rob. Smith's Aufsatz im Journal of Philology, Vol. X pg. 209—213 bekannt und erhielt dadurch den Anstoss zur Abfassung dieser Behandlung des Zahlenspieles, welche die Geschichtlichkeit der grossen Masse der vom vorexilischen Epitomator überlieferten Königszahlen zu erweisen sucht.

160. Diese Zahl aber ist grade ein Drittel von 480, und auch 240 geht durch 3 auf. Kurz, wenn nicht auf diesem, dann auf einem anderen Wege: R. Smith ist auf den Gedanken verfallen, es einmal mit der Dreitheilung zu versuchen; 40 ist zwar nicht die einzige Grundzahl, da man auch mit andern Grundzahlen gespielt hat, aber die 3 hat den grossen Vortheil, dass sie die 40 intakt lässt. Die ganze Tempelperiode von 480 Jahren ist $= 3 \times 160$, die halbe von $240 = 3 \times 80$, und sowohl 160 als auch 80 ist eine Vervielfältigung von 40. Indem er den künstlichen Charakter der hebr. Chronologie vom Auszug bis zur Rückkehr aus der Gefangenschaft als durch „Nöldeke, Wellhausen und Krey established" ansieht, bemerkt Smith, dass das epochemachende Jahr nicht als Schluss des alten, sondern als Beginn des neuen Cyclus (vgl. Nr. 17) zähle, z. B. 535 v. Chr., das Jahr der Rückkehr, sei das erste Jahr der neuen Theokratie; aber der von Krey entdeckten dritten Tempelperiode geschieht keine Erwähnung. Mit Recht bezeichnet Smith die Untersuchung, welche unter den Angaben aus der Königszeit überlieferte Zahlen seien, welche aber systematische, als eine sehr wichtige Sache. Obgleich aber so die Aufgabe, welche der historischen Kritik auf diesem schwierigen Gebiete vorliegt, richtig angegeben wird, kann ich doch nicht finden, dass ihre Lösung Smith besser gelungen sei, als den übrigen mit Zahlen spielenden Forschern. Während meine bisherigen Ausführungen, wie ich denke, den Beweis erbracht haben, dass wir dem vorexilischen Epitomator ausser den werthvollen Regierungszahlen auch noch anderweitiges, geschichtlich nicht weniger werthvolles Ueberlieferungsgut zu verdanken haben, schrumpft das überlieferte Material für Smith so bedenklich zusammen, dass mir die berühmten parabolischen Verse Goethe's (Gedichte II, S. 159. Stuttgart und Tübingen 1845) von den originalen Gemüthern unwillkürlich einfallen, die mit Sorgen und Mühen es schliesslich bis zum Erwerb eines Bauergütchens zu bringen hoffen, und doch haben sie, um mit unserm grossen Dichter zu reden, „vom lieben Papa Und eben so von der Frau Mama Die allerschönsten Rittergüter". Ich gebe zunächst an, wie die 3 judäischen Perioden von je 160 Jahren und die 3 nordisraelitischen von je 80 Jahren abgesteckt sind, indem ich die Ermittelung der mittleren Periode für jedes

Reich vorführe; wir werden dann sehen müssen, wie die einzelnen Perioden ausgefüllt werden, und den ganzen Versuch einer kurzen Prüfung unterwerfen.

Smith beginnt die zweite judäische Periode mit dem 23. Jahre des Jehoas (s. ob. S. 47) und lässt sie mit dem letzten Jahre Hiskia's enden. Das Datum 2 Kön. 12, 7 halte ich gewiss für echt, und Rüsch (Herzog's R. E. 'XVIII, S. 464) gibt an, dass schon die rabbinische Chronik die Wiederherstellung des Tempels durch Jehoas zum Ausgangspunkte einer allerdings falschen Rechnung machte. Gegen die Berechnung von Smith ist nichts einzuwenden, denn 1) die 37 Jahre Salomo's nach Beginn des Tempelbaus machen mit den 95 von Rehabeam bis Ahasjahu 132, also mit den 6 der Athalja und den 22 des Jehoas grade 160, so dass das 23. Jahr des Jehoas wirklich das 161. seit der Tempelgründung ist; 2) die übrigen 18 von Jehoas ergeben mit den biblischen Regierungszahlen von Amazja und Usia (29 + 52 = 81) schon 99, also mit den je 16 des Jotham und Ahas und den 29 des Hiskia (32 + 29 = 61) wiederum 160, während nach meiner abweichenden Berechnung die wirkliche Dauer dieser Periode um 31 Jahre kürzer ist, also nur 129 Jahre beträgt; endlich 3) hält Smith an der gewiss irrigen Zahl 55 für Manasse fest, gewinnt also statt des geschichtlichen Jahrhunderts vom ersten Jahr Manasse's bis zum letzten des Zedekia 110, also mit den 50 des Exils abermals 160 Jahre. Die Schriftgelehrten, welche diese Dreitheilung machten, haben sich also um Samaria's Fall nicht bekümmert, sofern sie das Jahr des Untergangs des Nordreiches nicht als epochemachend für das Südreich betrachteten. Durch den Ausschluss des frommen Hiskia wird aber für die dritte Periode der Vortheil erreicht, dass Smith trotz dem Josia sie *the period of decline and captivity* nennen kann. Was die halb so langen Perioden des Nordreiches betrifft, so hat R. Smith die Entdeckung gemacht, dass die mittlere diejenige der grossen syrischen Kriege gewesen sei; diese syrische Periode, welche uns noch näher beschäftigen wird, soll nach 1 Kön. 20, 21. 26; 22, 1 f. 37 mit den 4 letzten Jahren des Ahab beginnen, von welchen 4 die beiden ersten den zwiefachen Sieg Ahabs über Ben-Hadad enthalten, während in das vierte Jahr (vgl. Jahrbb. f. D. Theol.

1875, S. 613 und 2 Kön. 18, 9 f. über die Einrechnung der Termine) der mit Ahab's Tod endende Feldzug gegen die Aramäer fiel. Ziehen wir die 4 letzten Jahre Ahab's, die 2 des Ahasja und 12 des Joram, also zusammen 18 von den 98 (vgl. Nr. 5a) ab, so bleiben allerdings grade 80 übrig, so dass Ahab im 84. Jahre nach der Reichsspaltung starb. Die zweite oder syrische Periode setzt sich zusammen aus den 4 letzten Jahren Ahabs sammt der Regierungszeit des Ahasja und Joram = 18 Jahren und den 61 Jahren der 3 ersten Nimsiden (Jehu 28 + Joahas 17 + Joas 16). Freilich kommen so nur 79 heraus; aber mit dem ersten Jahre Jerobeam's II., der die von seinem Vorgänger begonnene Befreiung vollendete (vgl. 2 Kön. 14, 28 mit 13, 19), werden die 80 glücklich voll.

22. Die politischen Beziehungen der Hebräer zu den auswärtigen Reichen, welche in der Bibel mehr nur beiläufig behandelt oder ganz übergangen [31]) werden, bedürfen noch mancher Aufhellung, und wir haben in den letzten Jahrzehnten schon wichtige Beiträge erhalten, mögen wir auch von der Zukunft noch weitere Aufklärung erwarten dürfen. Wenn die schwere Schädigung des Nordreiches durch Benhadad I. (1 Kön. 15, 20, vgl. Ewald, Gesch. ³III 483) für Ewald noch als der erste Einfall nordöstlicher Völker in israelitisches Gebiet galt, so vermuthet Schrader (KAT ² S. 91), dass Tiglath-Pileser I. schon vor dem Ende der Richterzeit Israel vorübergehend tributpflichtig gemacht habe. Wir wissen, dass Tiglath-Pileser II. von Ahas gegen Pekah und Rezin zu Hülfe gerufen wurde, und zu einem vollen Verständniss des gegenseitigen Verhältnisses zwischen Nordisrael und Damaskus würde es sehr erwünscht sein, wenn wir auch über die jedesmalige Stellung der Reiche Juda und Assur unterrichtet wären. In seinem werthvollen Artikel „Damaskus" durfte Nöldeke (Schenkel's B.-Lex. I 560) schon 1869 mit Recht sagen: „Die ganze äussere Geschichte

---

[31]) Natürlich überging man auch absichtlich solche Dinge, an welche man sich nicht gerne erinnerte; vgl. F. R. Hasse, Gesch. des A. B., S. 169 und Duncker ⁴II 389, was die Aegypter betrifft. Schon lange ist mir's wahrscheinlich, dass Isboseth zu Mahanaim ebensogut als David zu Hebron in einem Vasallenverhältniss zu den Philistern stand.

des nördlichen Reichs dreht sich fast um das Verhältniss zu Damaskus." Ich vermuthe (vgl. Bunsen's Bibelwerk I, S. CCLXXI) aus 1 Kön. 15, 19, dass schon Tabrimmon dem Abiam zu Hülfe kam, und dass sich so die Vortheile erklären, welcher dieser König Juda's dem Jerobeam I. gegenüber davontrug, vgl. 2 Chron. 13, 3 ff. Vorübergehend war Baesa mit Damaskus verbündet, wie auch im Jahre 854 bei Karkar Salmanassar II. die an der Seite der Syrer kämpfenden nordisraelitischen Truppen schlug. Im Ganzen aber war Damaskus der Hauptfeind von Nordisrael, der wie dem Baesa, so auch dem Omri viel zu schaffen machte, vgl. 1 Kön. 20, 34, wonach Omri mehrere Städte an Benhadad I. verlor, ohne sie wieder zu gewinnen. Leider berichtet uns die Bibel nichts von den tapferen Thaten des gegen die Syrer wenig glücklichen Omri. Ich halte es für wahrscheinlich, dass Omri nicht nur zu Juda sich in ein freundliches Verhältniss setzte, sondern auch zu Assur[32]); diese Annahme würde nicht erschüttert, wenn die Tributzahlung an Asurnassirhabal im Jahre 876 von Ahab geleistet wäre, nicht aber, wie Schrader meint (K.-G. 369), in die letzten Jahre Omri's fiele. Es ist sehr unwahrscheinlich, dass die Kämpfe Ahab's mit dem Sohne Benhadad's I., der nach Schrader's Ausführungen wol Hadadeser hiess, nur in die letzten 4 Jahre Ahab's fallen sollten. Der vermuthlich gleich Omri mit Assur im Bunde stehende Ahab kämpfte im Ganzen glücklich gegen die Syrer, fiel aber schliesslich, so dass sein Sohn Joram dem Hadadeser 854 die erwähnten Hülfstruppen gegen das endlich einschreitende Assur stellen musste. Nun aber stand das hebr. Nordreich fest

---

[32]) Der Name, welchen Omri sich bei den Assyrern machte, begreift sich besonders dann leicht, wenn er der erste israelitische König war, der sich in den Schutz der Assyrer stellte, was ja ohne Bezahlen von Geschenk oder Tribut nicht thunlich war. Diese Art von Vasallenverhältniss setzte Jehu ohne alle Unterbrechung fort, so dass wir die assyrische Inschrift: „Tribut Jehu's, Sohnes des Omri" (vgl. Schrader KAT² S. 189 f.) leicht verständlich finden. Nicht ganz auf gleicher Linie liegt die Verwechslung Joram's mit Ahab in der den Ahab nennenden assyrischen Inschrift; übrigens muss selbst Schrader, der diese Verwechslung m. E. mit Unrecht leugnet, ihre Möglichkeit zugestehen.

zum Sieger von Karkar, der noch in den Jahren 850, 849 und 846 (vgl. 2 Kön. 7, 6) gegen Hadadeser, sowie 842 und 839 gegen Hasael ins Feld zog. Die Thronumwälzungen in Damaskus und Israel änderten nichts an den politischen Beziehungen der Reiche; Hasael war von Anfang an Israels und Assurs Feind, während Jehu wol als Freund der Assyrer, den diese als ihren Vasallen betrachteten, den Thron bestieg. Hasael kämpfte nicht nur gegen Joram, dem die von Ahab früher vergeblich versuchte Eroberung von Ramoth-Gilead gelungen war (vgl. 2 Kön. 8, 28 f.; 9, 14), sondern bedrängte auch die beiden ersten Nimsiden schwer, sowohl den mit ihm wol gleichalterigen Jehu (vgl. 2 Kön. 10, 32 f.; Am. 1, 3) sammt dem durch Athalja's Sturz auf Juda's Thron gelangten Jehoas, der gleich seinen Vorfahren gewiss gute Beziehungen zu Nordisrael unterhielt, jetzt aber (vgl. 2 Kön. 12, 18 f.) durch ein grosses Geschenk den Zug Hasaels gegen Jerusalem abkaufen musste, als auch Jehu's Sohn Joahas. Da Joahas nach 2 Kön. 13, 3. 25 noch von Hasaels Sohn Benhadad (II?) bedrängt wurde, so starb Hasael früher als Joahas, hat also Israel nicht bedrängt, „so lange Joahas lebte", wie es 2 Kön. 13, 22 in Widerspruch mit Vers 3 heisst. In den Keilinschriften ist nach Schrader's Zeugniss ein Nachfolger Hasael's Namens Benhadad nicht aufgefunden. Dieser Benhadad, nach dem biblischen Benhadad II. = Hadadeser der dritte seines Namens, der dem Joahas westjordanische Städte entreisst, aber von dem sie wiedergewinnenden Joas dreimal besiegt wird (2 Kön. 13, 25), soll nach der Ansicht Schrader's (KAT¹ 114 oder ²217) ein Vorgänger des Königs Mari' sein, von welchem der assyrische Grosskönig Rammannirar, der auch vom Lande Omri und Edom Zahlung empfing, gegen 806 v. Chr. in Damaskus schweren Tribut erhob. Ich vermuthe lieber, dass der biblische Benhadad III. eigentlich Mari' hiess, so dass in der Erinnerung der Hebräer nur die Namen Benhadad und·Hasael für die damascenischen Könige zur Zeit der Omriden und Nimsiden haften geblieben wären. Die Zahlung des Landes Omri an Rammannirar fällt mitten in die Regierungszeit des Joahas, den die Assyrer durch die Eroberung von Damaskus ein wenig vom Druck der Syrer aufathmen liessen. Die prophetische Sage, nach deren historischem Kerne Elisa noch den Regierungsantritt des Joas erlebt hat, lässt den Propheten auf seinem Sterbelager (2 Kön. 13, 14—19) zornig darüber werden, dass Joas nur dreimal gegen die Erde schlug, anstatt dass er durch 5 oder 6 Schläge die Aramäer bis zur Vernichtung treffen sollte. Die drei Siege des Joas, der auch den durch Edoms Niederwerfung übermüthig gewordenen Amazja demüthigte, indem er ein Stück von Jerusalems Mauer einriss, worauf das alte politische Verhältniss zwischen den beiden hebräischen Reichen (vgl. Anm. 28) wol zurückkehrte, erschienen später nur als ein verhältnissmässig geringer Erfolg gegen die Syrer, wenn man damit die glücklichen Kriegsthaten Jerobeam's II. verglich, des Herstellers der alten Reichsgrenzen. Dass aber diese Thaten (2 Kön. 14, 25. 28) nicht in das erste Regierungsjahr des vierten Nimsiden zusammengedrängt werden können, dafür bürgen schon die 2—3 Schläge, welche sein Vater über die 3 hinaus hätte thun sollen.

Indem ich diese Uebersicht hier abbreche, gestehe ich gerne, dass noch Manches in derselben sehr ungewiss ist; aber so viel ist klar und ruht auf dem deutlichen und geschichtlichen Zeugniss der Bibel, dass man allenfalls von einem Jahrhundert reden könnte, von Baesa bis Joahas, worin das Reich von Damaskus dem Zehnstämmereiche schwer[33]) zusetzte, dass es aber die reinste Willkür ist, von einer mit dem viertletzten Jahre Ahabs beginnenden syrischen Periode von 80 Jahren in der Geschichte Israels zu reden, wie dies R. Smith thut. Ebenso willkürlich rechnet dieser Gelehrte eine 80jährige prophetische

---

[33]) Wellhausen im englischen Art. Israel pg. 406 b (S. 35 des deutschen Drucks) spricht von einem 50jährigen Kriege, in dessen drittem Jahre Ahab fiel (± 851 v. Chr.), und lässt den Joas (pg. 408 a oder S. 40 des deutschen Drucks) den Syrern mehrere und so entscheidende Schläge beibringen, dass sie seitdem keine Gefahr mehr für Israel waren. Natürlich ist diese Zahl als eine runde gemeint, wie es denn im genaueren deutschen Text heisst, dass Ahab fiel „im dritten Jahr nach dem Anfang des halbhundertjährigen Krieges"; klar aber ist's, dass Wellhausen die Siege des um seine Selbständigkeit kämpfenden Israel in die erste Zeit des Joas setzt. Im Grossen und Ganzen hat das Reden von einer syrischen Periode in der nordisraelitischen Geschichte einige Aehnlichkeit mit dem Abstecken einer französischen Periode in der deutschen Geschichte.

Periode für Elia und Elisa heraus und dreht, während man
bisher für die Zeiten dieser gewiss geschichtlichen, aber stark
der Sage anheimgefallenen [34]) Prophetengestalten den einzigen
festen Halt in den Regierungen der israelitischen Könige erblickte, einfach den Spiess um, als wären die Regierungszahlen
durch systematische Rechnung aus den Prophetensagen hervorgegangen. Ehe wir sehen, wie Smith dies an Nr. 18 erinnernde
Kunststück fertig bringt, stelle ich kurz zusammen, was wir
von der Dauer der Wirksamkeit der beiden grossen Propheten
des Nordreiches mit Wahrscheinlichkeit aussagen können. Man
kann mit Bunsen von einer etwa 80jährigen Wirksamkeit des
Elia und Elisa reden, wenn man von Ahabs Regierung bis zum
Antritt des Joas rechnet; Bunsen (Bibelwerk, 5. Band, S. 554)
nennt seine Uebersicht mit Vorbedacht „eine annähernde Zeit-
bestimmung des öffentlichen Lebens von Elias und Elisa". Es
ist nichts als Vermuthung, wenn Bunsen schreibt: „Elias tritt
auf nach der ersten grossen Verfolgung der Propheten auf
Isebels Anstiften im 6. Jahre des Ahab"; aber es ist doch gewiss
natürlicher, wenn man dem Elia gegen 20 Jahre gibt, dem
Elisa, der schon des Elia Diener war, gegen 60, als wenn man
mit R. Smith dem Elia unter Ahab nur 7 Jahre zuschreibt, die
sich aus den 3 Jahren der Dürre und den 4 Kriegsjahren zusammensetzen sollen, dem Elisa dagegen eine mehr als 70jährige
(vgl. 2 Chron. 24, 15 die 130 Lebensjahre des Jojada) selbstständige
prophetische Wirksamkeit beilegt. Viel schlimmer aber steht's
um die Behauptung von Smith, dass Elisa grade vor den 3 sieg-
reichen Feldzügen, welche die letzten Jahre des Joas ausfüllen
sollen, gestorben sei; diese willkürliche Annahme begreift sich
indess leicht, wenn man sieht, dass Smith für „Elisa unter Joas"

---

[34]) Ich verweise auf einen geographischen Irrthum, welchen ein
nordisraelitischer Schriftsteller allerdings leichter begehen konnte, als ein
Judäer; wir lesen nämlich 1 Kön. 19, 8, wie der vom Engel für den
weiten Marsch zum Horeb gestärkte Elia, der schon eine Tagereise über
Berseba hinaus gekommen war, „durch Kraft derselben Speise 40 Tage
und 40 Nächte ging bis an den Berg Gottes Horeb", so dass Elia in
je 24 Stunden Zeit etwa 2 Stunden Wegs zurückgelegt hätte. Vgl.
Jona 3, 3 f.

13 Jahre braucht, damit sie zusammen mit den 7 Jahren des „Elia unter Abab" 20 oder die Hälfte der 40 ergeben, welche uns als Summe der Regierungszahlen Jorams (12 Jahre) und Jehu's (28 J.) so unwiderstehlich anlächeln. Man braucht nur die 2 Jahre des Ahasja in 3 zu verwandeln, um mit den 17 Jahren des Joahas wieder die gesuchten 20 zu haben, so entsteht folgendes Bild, das Smith in schöner Form dem erstaunten Leser vorlegt:

„Elia unter Abab	7 Jahre			Krieg unter
Ahasja	2 [3]			Abab 4
Joram	12	40	19 [20]	7+13=20 oder
Jehu	28			
Joahas	17			
Elisa unter Joas	13			Joas regiert 16."

Wir sahen am Ende von Nr. 21, wie es mit den 80 Kriegsjahren etwas haperte, so dass das erste Jahr Jerobeam's II. als Füllsel gebraucht werden musste, wozu ja die Verwendung der Zahl 40 in der Richterzeit zu berechtigen scheint. Dadurch, dass Jerobeam II. ein Jahr an die syrische Periode abgeben muss, erhält dieser grosse Kriegsfürst 41 als Regierungszahl. So gewinnt Smith für die dritte Periode zwei Hälften, 40 Jahre des Ruhmes unter Jerobeam und 40 des Verfalls bis zum Jahre der Eroberung von Samaria exclusive. Hier hapert's schon wieder, da von den 9 Jahren des Hosea nur 8 gerechnet werden dürfen (10+2+20+8 = 40); aber wir sahen ja ob. S. 63 f. wie Smith in geheimnissvoller Weise mit dem 9. Jahre des Hosea eine vierte Periode oder vielmehr die zweite Hälfte einer grossen heiligen Tempelperiode anheben lässt.

23. Fast als wollte er zeigen, dass durch das Verschlucken von Kamelen das Mückenseigen nicht ausgeschlossen wird, findet es Smith doch etwas störend, dass das eine Jahr Jerobeam's II. zu den syrischen Kriegen gezogen ist, erblickt aber den Grund in dem Vorhandensein einer doppelten und daher Ausgleichung erfordernden Ueberlieferung über den Befreier Israels und Wiedergewinner des verlorenen Gebiets an der syrischen Grenze, der nach 2 Kön. 13 Joas, aber nach 2 Kön. 14 Jerobeam gewesen sein soll. Die 80 Prophetenjahre des Elias

und Elisa, wofür wir, den Ahasja zu 2 Jahren gerechnet, nur 79 finden, bilden nach Ansicht von Smith das Ursprüngliche, woraus auch das „fundamental date" in Ahab's Regierung, das in der Geschichte des Nordreiches „das erste sichere Datum" sein soll, der Anfang der grossen syrischen Kriege, erst abgeleitet sei. Somit sei die Vermuthung ganz „natürlich", dass die ältere Chronologie dem Jerobeam nur 40 Regierungsjahre gab, dem Ahasja aber 5, „denn 3 und 7 sind die gewöhnlichen Zahlen" (vgl. Ewald, Gesch. ³III 576) „in den prophetischen Erzählungen, und Joram hat 3×4, Jehu 7×4 Jahre. Ahasja wurde nachher reducirt auf die normale 2 der kurzen Regierungen *in the finished scheme*, und ein Jahr wurde Jerobeam II. gegeben." Durch diese verwickelte Hypothese fällt allerdings für die zweite Periode der syrischen Kriege die Anleihe bei Jerobeam fort, da 19 (statt 18, s. S. 79) Jahre mit den 61 der ersten 3 Nimsiden richtig 80 ausmachen; aber alle übrigen Gewaltsamkeiten werden trotz dieser Quälerei aufrecht erhalten, so dass für mich die Freude über die genau 80 Kriegsjahre und die genau 80 Prophetenjahre grade so viel werth ist, als mir, wenn Jemand sich den Scherz der Zusammenzählung der $42 = 6 \times 7$ bösen Buben mit den 2 bösen Thieren erlaubte, die in 2 Kön. 2, 24 entdeckte doppelte antitheokratische Ruchlosigkeit werth sein würde ($44 = 2 \times 22$). Vgl. Esra 2, 13. 24.

Wol jeder Leser wird mir zugeben, dass der Werth der auf solchem Wege gefundenen hebräischen Regierungszahlen geschichtlich so ziemlich gleich Null sein würde, obgleich Smith anerkennt, dass „man im Allgemeinen wusste, dass einige Könige lange Regierungen hatten, und andere kurze." Was aber sonst noch die frei schaltende Rechnung der Urheber der biblischen Zahlen einschränkte, ist ausserordentlich dürftig, obgleich Smith durch seinen Aufsatz zu beweisen meint (pg. 213), that the existing chronological scheme was obtained by setting down a small number of dates given in the old records as fixed points, and filling up the intervals by a system of interpolation in which 20 and 40 were the main units. Ehe wir die Ausfüllung der 3 judäischen Perioden betrachten, müssen wir noch einen Blick auf die erste israelitische werfen. Da ist es nun jedenfalls bemerkenswerth, dass hier bei den ersten nordisraelitischen Königen, wo Krey, Wellhausen und Stade den höchsten Triumph ihres Systems feiern (vgl. Nr. 19), Smith sich mit dem Hinweis begnügt, dass die 22 Jahre Jerobeams I. + 18 Ahab's (22—4) = 40 oder die Hälfte der Periode seien, und bemerkt, wir könnten natürlich nicht erwarten *to find a uniform system carried out through all the details of the Chronology*. Mir ist allerdings die Menge der angenommenen Grundzahlen und der geheimnissvollen Kunstgriffe ein redender Beweis für die das Gegentheil von wissenschaftlicher Methode bildende Künstlichkeit des in die biblischen Regierungszahlen hineingetragenen Spieles, dessen Entdeckung den Rabbinen noch nicht vergönnt war. Freilich ist's auch Gen. 5 u. 11 (Dillm. ² 105. 197) schwierig, das zu Grunde liegende Princip der Berechnung zu finden.

Etwas reichlicher sind nach R. Smith gegebene, nicht systematische Zahlen für das Südreich vorhanden, was theils den *temple records*, theils den Propheten zu verdanken sein soll. Die einzigen Zahlen in der ersten judäischen Periode ausser den *accessions to the throne*, womit wol die Regierungs- und Alterszahlen zusammengefasst werden, bezögen sich auf den Tempel, seine Plünderung durch Sisak und die Abänderung des Systems der Tempeleinkünfte durch Jehoas. Smith macht S. 210 die interessante Bemerkung: It was a very important change, tending towards the centralisation of the hierarchic system, by bringing funds that formerly belonged to the whole priestly guild under the immediate control of the high priest, and it continued in force in the days of Josiah. Ich lasse es auf sich beruhen, ob der Tadel, welchen Jehoas über die Nachlässigkeit (vgl. Nr. 13) der Priester im Ausbessern des Tempels aussprach, und die vom Könige getroffene Massregel, welche nicht nur priesterlichem Eigennutz steuerte, sondern auch der Möglichkeit priesterlichen Missbrauches gewisser Gelder, die nun in einer geschlossenen Lade gesammelt und von Zeit zu Zeit unter Aufsicht des königlichen Beamten und des Hohenpriesters ausgeschüttet und nach gleichem Gewicht in genau gezählte Beutel vertheilt wurden, wirklich für die Centralisation des hierarchischen Systems von Belang waren. Die Berechnung der ersten Periode geschieht nun, wie bei Krey, mit Zusammenfassung von Rehabeam und Abia zu 20 und der vier Regierungen von Josaphat bis Athalja zu 40 Jahren; von den 41 des Asa wird nicht ausdrücklich gesagt, dass sie sich als Rest der Rechnung mit der Grundzahl 40 ergeben. Wenn aber R. Smith hier die 37 Jahre Salomo's und die 22 des Jehoas als *fixed data* bezeichnet, so weiss ich nicht, ob er wirklich die 40jährige Regierung des Salomo anders als die Grundzahl des Richterbuches ansieht, oder nicht vielmehr lediglich aus 1 Kön. 6, 37 die 3 ersten Jahre Salomo's als gegebenes Datum betrachtet und die 37 allein durch Abzug der 3 von der an sich werthlosen Zahl 40 gewinnt; jedenfalls findet er in $37 = 40 - 3$ und $22 = 20 + 2$ die Grundzahl $40 = 2 \times 20$ wieder angedeutet. Höchst interessant ist die Ausfüllung der **zweiten Periode**, wo die 29 Jahre (30—1) des Hiskia als Summe von zwei gegebenen Daten anerkannt werden[35]), dem Angriff Sanherib's im 14. Jahre des Hiskia und der diesem geschenkten Lebensverlängerung von 15 Jahren. Dazu kommen die übrigen 18 Jahre des Jehoas, in denen aber kein neues Datum steckt, da sie durch Abzug der 22 von der runden 40 entstehen. Wir haben also zunächst $29 + 18 = 47$; nun brauchen wir noch $(160 - 47 =) 113$ Jahre, oder wie Smith sich grundzahlmässig ausdrückt, „eine 2 und eine 1 in den Einern, eine 8 und eine 3 in den Zehnern. Demgemäss geben Amazja und Usia 81 Jahre, Jotham und Ahas 32". Man sieht, dass die Rechnung stimmt. Für die **dritte Periode**, so sollte man denken, sind nun doch endlich gegebene Data in reichlicherem Masse vorhanden. Die 11 Regierungsjahre des Zedekia (vgl. 2 Kön. 25, 8 mit Jer. 32, 1; 2 Kön. 24, 12), die 50 Jahre des Exils (585—536 inclusive) und die 31 des Josia (12 + 23 — 4, vgl. Jer. 25, 1—3) werden wirklich als gegebene Data anerkannt. Da $160 - 50 = 110$ ist, so findet Smith die 11 als Grundzahl für die Regierungen von Manasse bis Zedekia; also Manasse $= 5 \times 11$, Amon und Josia $= 3 \times 11$; vgl. ob. Nr. 20.

24. Rob. Smith schliesst seinen kleinen Aufsatz über die

---

[35]) Nach Einsicht von The prophets of Israel (Edinb. 1882, pg. 417) muss ich genauer sagen, dass Smith jetzt 15 und 29 für die *dates* erklärt, *from which 14 has been derived*; ich kann aber auf die sehr künstlichen neuesten Rechnungen des schottischen Gelehrten hier nicht eingehen.

Chronologie der Königsbücher mit der Bemerkung, wir könnten erwarten, dass man die Bewahrung solcher Synchronismen, wie sie z. B. durch den Tod des Joram und Ahasjahu in der Revolution unter Jehu gegeben waren, nöthig gefunden hätte, und sagt: „Die Thatsache, dass diese Synchronismen nicht beobachtet sind, und dass die Hand, welche schliesslich die einzelnen Synchronismen der Thronbesteigungen im Norden und Süden hinzufügte, ihr Werk nur durch die höchst willkürliche Art der Berechnung vollbrachte, welche Wellhausen - in den Jahrbb. f. D. Theol. 1875 erläutert hat, bestätigt die in diesem Aufsatze dafür angeführten Beweise, dass die Grundlinien der nördlichen und südlichen Chronologie ursprünglich von gegenseitig unabhängigen Daten gewonnen wurden." Wie dürftig ich auch die von Smith zugegebenen Data gefunden habe, so nehme ich doch gerne diesen Hinweis auf die gegenseitig unabhängige Ueberlieferung der beiden hebr. Reiche als ein Zeichen an, dass Smith keineswegs gewillt ist, allen historischen Boden für die Perioden der hebr. Könige preiszugeben, vielmehr allen Ernstes meint, durch seine gekünstelten Ausführungen den geschichtlichen Grund erst als solchen zu erkennen und sicher zu stellen. Freilich muss ich das für eine sehr schwere Selbsttäuschung halten und würde mich freuen, sollten diese Blätter dazu helfen, dass man allgemein die von mir angegriffene, zur Zeit noch von wenigen, aber angesehenen Forschern vertretene Ansicht von dem grossen Einfluss künstlicher Berechnung auf die hebr. Königschronologie, wie er durch die überraschenden Zahlenspiele erwiesen werde, als einen groben Irrthum anerkennt, dem kaum ein Fünkchen von Wahrheit innewohnt. Indem ich meinen Angriff so scharf als möglich zu machen und natürlich die gegnerische Ansicht in das für sie ungünstigste Licht zu stellen suchte, habe ich, wie ich fürchte, nicht immer den Schein vermieden, dass es mir lediglich um die Sache, welche mir allerdings sehr am Herzen liegt, zu thun ist, und dass ich nicht im Geringsten einen Angriff auf die mir zum guten Theil von Angesicht zu Angesicht bekannten und sehr werthen Personen beabsichtigt habe.

Ich habe mit geschichtlichen Gründen zu zeigen versucht, dass man die künstliche Berechnung der Paralleldatirungen, welche mit dem in allen möglichen Methoden schillernden,

d. h. ganz unmethodischen Zahlenspielen nichts zu schaffen hat, sehr wohl anerkennen kann und diesen Rechnungszahlen einen selbstständigen Werth absprechen muss, dass man aber zugleich die vielen echten Zahlen, unter welchen ich namentlich die noch lange nicht genug beachteten Alterszahlen hervorhebe, als ein kostbares Ueberlieferungsgut zu schätzen und zu schützen hat. Natürlich werden sich die Freunde des biblischen Buchstabens noch lange mit Rechtfertigung der Synchronismen der Regierungsantritte abquälen. Ich besorge, dass dadurch die geschichtliche Erkenntniss nicht gefördert werden wird, obgleich ich die abstrakte Möglichkeit offen zugegeben habe (vgl. Nr. 6 und am Ende von Nr. 15), dass manchen dieser Synchronismen eine unbestimmte geschichtliche Erinnerung zu Grunde liege. Wir dürfen uns aber nicht verhehlen, dass mit dem Satze von Smith: „It was known in a general way that some kings had long reigns, and others short" für die Zuverlässigkeit der hebr. Königsgeschichte so gut wie nichts gewonnen ist. Ohne Annahme alter, durch Schrift fixirter Ueberlieferung kommen wir bei der Verwickeltheit der hebr. Königsgeschichte auf keinen sichern Grund; wir müssen die aus den Reichsjahrbüchern herübergeretteten Königszahlen gewiss einer besonnenen Kritik unterwerfen, haben sie aber auch nach meiner festen Ueberzeugung als einen kostbaren Schatz zu hüten und keinen andern Massstab der Prüfung anzulegen, als den auch in der Kritik der Ueberlieferungen der übrigen alten Völker als berechtigt anerkannten. Es ist ja sicher, dass wir das alte Testament in erster Linie als Quelle der vorchristlichen göttlichen Offenbarung schätzen; sein religiöser Werth ist für uns unabhängig von der Entscheidung der Frage, ob die politische Geschichte der hebräischen Könige aus ihm noch mit grösserer oder geringerer Sicherheit erkannt werden kann. Auch ist von Forschern aller Richtungen zweierlei jetzt anerkannt: 1) die Dürftigkeit vieler biblischen Mittheilungen über die äussere Geschichte, so dass wir uns leider oft an Hypothesen, die übrigens in aller Wissenschaft und besonders auf dem Gebiete der alten Geschichte nicht fehlen, genügen lassen müssen; 2) dass die biblischen Mittheilungen nichts weniger als gleichwerthig sind. Bald finden wir „ein blitzendes Juwel" (Wellhausen, Gesch. I,

S. 295), bald „eine Legende im Stile des Midrasch mit einem vaticinium ex eventu, so handgreiflich, dass Keil sich solcher Weissagung schämt und 1 Kön. 13, 2 den Namen Josia wegdeutet" (Wellhausen - Bleek, S. 244). Ohne Kritik ist also der wirkliche Geschichtsverlauf hier fast noch weniger zu finden, als auf manchen andern Gebieten des Alterthums. Wir liberalen Theologen stehen nun aber eben darum, weil wir gewöhnlich mehr als andere Gelehrte von der Nothwendigkeit der schärfsten Kritik der biblischen Angaben durchdrungen sind, auch mehr als die Collegen der philosophischen Fakultät in der grossen Gefahr, dass wir uns überstürzen, das Kind mit dem Bade ausschütten und mitunter durch sogenannte kühne Kritik das Kopfschütteln besonnener und unbefangener Historiker hervorrufen. Nicht nur sind erfahrungsmässig die tollsten Negationen ganz überwiegend von Theologen ausgegangen, sondern wir sehen auch oft genug, dass Forscher, die ihr Altes Testament als fromme evangelische Christen lieb haben und recht gut wissen, dass mit blossen Negationen der Sache der Religon noch erst sehr wenig gedient sein kann, sich in Beantwortung wichtiger Einzelfragen überstürzen und den Spruch: „Sei nicht allzu gerecht" den zu beurtheilenden biblischen Angaben gegenüber zu vergessen scheinen.

Mit vollem Bewusstsein habe ich einen sehr schweren Vorwurf gegen die Vertreter des von mir bekämpften Zahlenspieles aussprechen müssen, der wahrlich dadurch nicht abgeschwächt werden könnte, dass man sagte, diese Gelehrten wären sich vielleicht der Tragweite ihres Unternehmens, seine Berechtigung einmal vorausgesetzt, nicht klar bewusst. Es handelt sich im letzten Grunde einfach um die Frage, ob wir im biblischen Königsbuch wesentlich historischen Grund und Boden finden, der uns eine annähernde, aber sichere Erkenntniss des Verlaufs der hebr. Königsgeschichte möglich macht, oder ob das nicht der Fall ist. Die nothwendige Consequenz der Zahlenspielerei ist die Leugnung der wesentlich geschichtlichen Grundlage, welche die bisherige Forschung für das Werk des vorexilischen Epitomators mit Recht angenommen hat. Ich erwarte, dass mir z. B. Stade (vgl. oben Nr. 19 am Ende) diese Consequenz nicht zugeben wird, und werde mich gewiss freuen, wenn Stade in seiner

"Geschichte" zur Anerkennung recht vieler biblischen Königszahlen als ungefähr richtiger gelangt; aber das möchte ich schon jetzt sagen: Erweisen sich manche Zahlen als ungefähr richtig, so ist das, unter Voraussetzung der Richtigkeit und Absichtlichkeit der vorgeführten Zahlenspiele, mindestens ebenso wunderbar, als wenn die meisten Zahlen einfach echt sind, die angeblichen Zahlenspiele aber nichts als Zufälligkeiten, Künsteleien und Selbsttäuschungen seltsamster Art. Für die gesammte alttestamentliche Wissenschaft scheint es mir wichtig, dass die Nichtigkeit dieser Zahlenspielerei aufgedeckt werde. Mein Versuch, diese Nichtigkeit zu erweisen, ist leider etwas lang gerathen, und ich muss auch wol, wie gesagt, wegen der Wärme des mitunter angeschlagenen Tones um Entschuldigung bitten; aber ich durfte ja nicht nur polemisch verfahren, sondern ich musste auch die für den historischen Werth vieler überlieferten Zahlen sprechenden Gründe positiv dem Leser vorzuführen suchen, wollte ich mit Ueberzeugungskraft den Beweis antreten, dass uns hier wirkliche Edelsteine erhalten sind, deren Verwechslung mit gemeinen Feldsteinen ungerecht und unwissenschaftlich sein würde.

Ich finde, will's Gott, später wol noch Gelegenheit, die eine oder andere der hier von mir kurz angedeuteten Hypothesen näher zu begründen oder, falls ich eines Besseren belehrt werde, abzuändern, wenn nicht ganz zu widerrufen. **Mein Versuch einer Begründung des hohen historischen Werthes der hebr. Königszahlen** sei sammt meiner oben in Anmerkung 7 gegebenen Tabelle der Prüfung aller mitarbeitenden Leser empfohlen. Hielte ich die Tabelle nicht für richtig, so hätte ich sie nicht drucken lassen; aber ich protestire dagegen, dass etwa ein Lehrer die von mir aufgestellten Jahreszahlen seinen Schülern zum Auswendiglernen geben sollte. Heinr. Brandes (a. a. O., S. 120) setzt die Reichsspaltung in das Jahr 929 v. Chr. und findet keinen zwingenden Grund in der Bibel und den assyrischen Inschriften, um den Tod Salomo's früher anzusetzen, beruft sich vielmehr auf die von Reinisch und Unger gegebene Begründung seiner Annahme aus den ägyptischen Quellen und fügt dann hinzu: „Auch A. v. Gutschmid (Beiträge zur Gesch. d. alten Orients, S. 108) kommt zu dem nur um 1 Jahr differirenden Ergebnisse, dass die Eroberung Jerusalems durch Seheschonk I.

im J. 927/926 stattgefunden habe." Befinde ich mich hinsichtlich des von mir behaupteten unabhängigen Werthes der biblischen Königszahlen, die nur geringer Correctur durch den feststehenden Eponymenkanon und die Inschriften der Assyrer bedürfen, hinsichtlich der sonst für sich allein genügenden Selbstständigkeit oder historischen Zuverlässigkeit der biblischen Zahlen nicht in einer Selbsttäuschung, wie ich eine solche den Vertretern des Zahlenspiels vorwerfen musste, dann haben wir den zur Zeit mir noch sehr unsicher erscheinenden Umweg über Phönizien und Aegypten zu vermeiden, wenn wir eine wissenschaftliche Feststellung der hebr. Chronologie suchen. Natürlich wird eine Bestätigung der m. E. allein auf Bibel und assyrische Monumente zu gründenden Chronologie der hebr. Königszeit durch gesicherte ägyptische und phönizische Zahlen hoch willkommen sein, wenn letztere auch erst in zweiter Linie in Betracht kommen können. Möge meine gewiss an allerlei Mängeln leidende Abhandlung mindestens einen Anstoss zur weiteren Forschung geben, von der ich mich gerne belehren lasse. Wie ich aber die Königszahlen der Hebräer nach einem Dichterwort mit schönen Rittergütern verglichen habe, so scheide ich jetzt vom Leser mit dem Distichon aus den vier Jahreszeiten (Göthe's Gedichte I, S. 261):

„Selbst erfinden ist schön; doch glücklich von Andern Gefundnes
Fröhlich erkannt und geschätzt, nennst Du das weniger Dein?"

25. Nachschrift vom Ende Juni. Die freundlichen Zuschriften einiger Collegen, welchen ich meinen „Neuen Versuch" (Stade's Zeitschrift. 1883, S. 193—202) übersandt hatte, sowie der Wunsch, auf die ob. S. 18 erwähnten tyrischen Königszahlen wenigstens etwas einzugehen, veranlassen mich zu einigen nachträglichen Bemerkungen und Mittheilungen, welche dem einen oder andern Leser willkommen sein werden. Zwar bindet mich der enge Raum einer Zeitschrift jetzt nicht; dennoch habe ich's nicht auf erschöpfende Behandlung der hebr. Chronologie, welche ein grosses Buch erfordern würde, abgesehen, sondern beschränke mich auf wenige Einzelheiten. Der Zweck meines Schriftchens ist erreicht, wenn sich meine Ansetzung der Reichsspaltung in 937 v. Chr. als annähernd richtig erweist, namentlich aber wenn es mir gelungen sein sollte, bei den zeitgenössischen Forschern wieder etwas mehr Zutrauen zu den

biblischen Regierungszahlen zu erwecken. Das Lob, die Reichsspaltung annähernd richtig bestimmt zu haben, gestehe ich Movers (Die Phönizier. II, 1, S. 118—165. Berlin 1849), der sie nur um 5 Jahre später ansetzt, mit Freuden zu, lege auch grossen Werth darauf, dass ein Gelehrter vom Range Gutschmid's den chronologischen Versuch jenes ausgezeichneten katholischen Theologen in so hohen Ehren hält. Aber ich meine, dass die leicht begreifliche, ziemlich weit verbreitete Geringschätzung der biblischen Regierungszahlen sich einer unbefangenen historischen Untersuchung als ein Irrthum herausstellen muss. Wollte man mein Eintreten für den geschichtlichen Werth vieler biblischen Zahlen als Apologetik bezeichnen, so müsste ich antworten, dass ich mich grade als liberaler Theologe zu einem solchen apologetischen Versuche angetrieben fühlte. Ich habe nichts zu schaffen mit den Wortführern der Gemeinde-Orthodoxie (vgl. Harnack's Theol. Lit.-Ztg. 1881, Sp. 466), welche in 1 Kön. 13, wie das wunderliche Buch von Ed. Böhl (Zum Gesetz und Zeugniss. Wien 1883, S. 72) wieder zeigt, keine Legende finden können; ebenso wenig als solche hyperkonservative Velleitäten kümmern mich natürlich die radikalen Elaborate eines Marius Fontane, der im vierten Bande der allgemeinen Geschichte (Les Asiatiques. Paris, 1883), dessen alttestamentliche Partien mir als elendes Machwerk erscheinen, die Reichsspaltung in 975 setzt, nach Jerobeam II. ein Interregnum von 11—12 Jahren kennt und von Manahem II. zu reden weiss. Ich wünsche, dass mein Schriftchen, mag ich auch oft geirrt haben, den Namen einer geschichtlichen Untersuchung verdiene, und weiss mich in den allgemeinen wissenschaftlichen Grundsätzen einig mit den von mir bekämpften angesehenen Gelehrten.

Die von Duncker ^{b}II 89 mit Bewusstsein verworfene Zahl 937 v. Chr. für die Reichsspaltung hat sich auch Herrn Dr. Cornill in Marburg durch Addition der 95 judäischen Jahre zu 842 als dem Antrittsjahr des Jehu ergeben; nur schreibt mir dieser Gelehrte, was ich wol ohne Indiscretion mittheilen darf, dass ihm die Auseinandersetzung Wellhausen's, wonach dem Amazja nur 9 Jahre gegeben, dem Usia seine 52 belassen werden, ganz vortrefflich erschienen sei. Es wundert mich nicht, dass auch Rob. Smith (The Prophets, pg. 414) in den Jahrbb. für

D. Theol. 1875, S. 634 f. „a highly plausible conjecture" findet, da ich anfänglich selbst so geurtheilt habe. Ich sah mich aber genöthigt, die schöne Hypothese von den nur 9 Regierungsjahren des mit offener Gewalt und wol um seiner Politik willen beseitigten Königs Amazja wieder fallen zu lassen, nämlich aus Rücksicht auf den mir als oberste Norm geltenden allgemeinen Synchronismus der hebr. Könige (s. ob. S. 49), welcher uns lehrt, dass Jerobeam II. früher auf den Thron gekommen ist, als Usia.

Ein anderes Bedenken macht Herr Prof. Kautzsch in Tübingen gegen mich geltend, die Herabsetzung von Hiskia's Regierungsantritt auf 714, und dies Bedenken wird gewiss von manchen Fachgenossen getheilt. Indem ich auf ob. S. 28 f. 48 f. 87 Anm. verweise und mich auf die Alterszahlen berufe, meine ich wahrlich nicht, in dieser sehr wichtigen Frage das letzte Wort gesprochen zu haben. Der Schein, dass das Datum von Jes. 36, 1, wonach Sanherib im 14. Jahr Hiskia's wider Juda heraufzog, aus Jes. 38, 5 und der Rücksicht auf die überlieferten 29 Regierungsjahre des Hiskia gewonnen sei, hat leicht etwas Bestechendes. Da ich in diesem Punkte aber Wellhausen auf meiner Seite habe, dem Nowack (Der Prophet Hosea. Berlin 1880, S. XI) u. A. beistimmen, so möchte ich auf die mit der Erklärung der jesajanischen Weissagungen innig zusammenhängende und neuerdings durch die Hypothesen von Rob. Smith nur noch verwickelter gewordene Frage, welche sich nicht in der Kürze befriedigend behandeln lässt, jetzt nicht näher eingehen. Nur 2 Punkte der Aufstellungen von Rob. Smith mögen hier kurz berührt werden. Wäre es wahr (vgl. The prophets of Israel, pg. 416), dass Micha, der nach Jer. 26, 18 f. unter Hiskia weissagte, damals den Fall von Samaria vorherverkündigt hätte, so wäre meine Ansicht, nach welcher Ahas bei Samaria's Fall noch auf dem Throne sass, natürlich widerlegt. Allein der vor 722 v. Chr. fallende Inhalt von Micha Kp. 1 oder die Vorhersagung von Samaria's Fall verträgt sich sehr gut mit der Thatsache, dass derselbe Prophet, der von dem sittlichen Zustande Juda's in den ersten Jahren der Regierung des Hiskia ein sehr trübes Gemälde entwirft, bald nach 714 v. Chr. auch den Fall Jerusalems verkündigt hat; von Jerusalems und des Tempels Untergang handelt Micha 3, 12 = Jer. 26, 18, nicht vom Untergange Samaria's.

Viel wichtiger noch ist der andere Punkt oder die eigenthümliche Ansicht, welche R. Smith über die Möglichkeit der Berechnung und Ueberlieferung von Regierungszahlen während der hebr. Königszeit hegt. Davon will ich nicht sprechen, dass nach Smith der Epitomator die echten Jahre Hiskia's und seiner Nachfolger gekannt hat, wonach Hiskia beträchtlich über 29 Jahre hinaus regiert haben soll, und dass erst die spätere Systematik die jetzigen biblischen Regierungsjahre geschaffen habe. Dagegen möchte ich hinweisen auf den Selbstwiderspruch, in welchen Smith sich dadurch verwickelt, dass er einem gewöhnlichen Vorurtheil wenigstens theilweise entsagt. Diesem Vorurtheil, wonach die Hebräer der Königszeit zu ungebildet waren, um die schwierige Operation einer Ueberlieferung der Regierungszahlen zu Stande zu bringen, huldigt noch der an den Sonnenzeiger des Ahas anknüpfende Einfall des schottischen Gelehrten (The prophets, pg. 418), dass erst damals die Hebräer von den Assyrern die nöthigen astronomischen Kenntnisse empfangen haben sollen. Ein Selbstwiderspruch liegt m. E. vor, wenn Smith weiter behauptet: „that from the time of Ahaz downwards there was an exact record of years reigned, such as there is no trace of at an earlier date, except in concerns of the temple (the latter probably reckoned by the Phoenician Calendar; see Dillmann's essay in Monatsb. Berl. Ac., 27. Oct. 1881)." Ich möchte diese Abhandlung Dillmann's „Ueber das Kalenderwesen der Israeliten vor dem babylonischen Exil", besonders S. 928 und 933, allen denjenigen zur sorgsamen Erwägung empfehlen, welche eine bis zur Annahme der Unmöglichkeit alter Königszahlen übertriebene Vorstellung von der Schwierigkeit einer Berechnung der Königsjahre durch die angeblich so rohen Hebräer haben. Die berühmten „zwei Jahre vor dem Erdbeben" (Am. 1, 1), welche Georg Hoffmann in Stade's Zeitschrift 1883, S. 122 f. durch sehr künstliche Annahmen auf späte Berechnung aus dem Prophetenbuch zurückgeführt hat, verwendet Smith noch zum Beweise dafür, dass „in the time of Uzziah dates were not yet popularly reckoned by years of kings" (s. ob. S. 18). Aber Smith macht das werthvolle Zugeständniss, dass die hebr. Priester schon frühe mit Hülfe des phönizischen Kalenders eine genaue Jahresberechnung machen konnten, z. B. was das 4. Jahr des Salomo oder das

5. des Rehabeam (s. ob. S. 47) betrifft. Angesichts der genauen Beziehungen, welche geschichtlich (vgl. z. B. 2 Sam. 8, 16 ff.; 20, 23 ff.; 2 Chron. 22, 11) zwischen den jerusalemischen Oberpriestern und dem Königshofe bestanden, muss ich es für eine Halbheit halten, wenn man alte Königszahlen in Angelegenheiten des Tempels und der Priester zugibt und dennoch solche für die Sachen des königlichen Hofes, überhaupt für die politische Geschichte leugnet. Wer consequent sein will, der muss entweder alle echten Königszahlen bei den Hebräern des zehnten vorchristlichen Jahrhunderts leugnen, oder er muss zugeben, dass ausser Dingen religiösen Interesses auch Begebenheiten der politischen Geschichte genau nach den Königsjahren aufgezeichnet werden konnten. Diese Möglichkeit muss ich für die Hauptstädte Juda's und Israels ebenso entschieden behaupten als z. B. für Tyrus. Mögen die Hebräer und Phönizier[36]) die ägyptische Jahresberechnung gehabt haben mit Sonnenmonaten von 30 Tagen, oder Mondmonate, welche sich in sehr einfacher Weise auf das Sonnenjahr zurückführen liessen, jedenfalls kann an der Möglichkeit hebräischer Königszahlen schon im 10. Jahrhundert nicht gezweifelt werden. Das thut auch R. Smith nicht, widerspricht sich aber selbst, sofern er eine an sich unmögliche, willkürliche Unterscheidung zwischen Tempelberichten und politischer Geschichte aufstellt. Gehört das Datum 1 Kön. 14, 25 für Jerusalem's Eroberung und die Tempelplünderung durch

---

[36]) Für die uralten nahen Beziehungen der Hebräer zu den Phöniziern freue ich mich auf die demnächst in Giessen erscheinende „Biblische Urgeschichte" meines lieben hiesigen Fachgenossen, Prof. Carl Budde verweisen zu können; vgl. 290—370 die mit der Aufschrift „Noah als Winzer und die Verfluchung Kanaans" bezeichnete neunte Abhandlung, besonders S. 339 ff. Budde hat es m. E. zu einem sehr hohen Grade von Wahrscheinlichkeit erhoben, dass in der ältesten, mit der Sintflut noch unbekannten jahvistischen Schrift Japheth, der Bruder des Sem und des Kanaan, nicht die Philister bedeutet, wie Wellhausen meinte, sondern die Phönizier. Natürlich sind die Hebräer den Phöniziern gegenüber in der beglaubigten Geschichte ein junges Volk; aber durch David wurde die staatliche Selbständigkeit fest begründet, und schon unter Salomo muss man im hebräischen Volk einen nicht verächtlichen Grad allgemeiner Bildung erreicht haben, zu dessen Unterschätzung uns die bekannten gegentheiligen Uebertreibungen doch wahrlich kein Recht geben.

Sisak allein der kirchlichen (s. v. v.) Geschichte an, oder auch der politischen? Je mehr Rob. Smith sich die Priester einer hebr. Residenz als königliche Diener denkt, desto weniger ist er zu der erwähnten schroffen Unterscheidung berechtigt. Dass wir aus der alten hebr. Geschichte nicht noch viel mehr Datirungen nach Königsjahren besitzen, wird wol mit der späteren verhältnissmässigen Gleichgültigkeit gegen die politische Geschichte (s. ob. S. 18. 21) zusammenhängen. Andererseits hindert nichts an der Annahme, dass die Priester, die doch wol (vgl. Stade's Gesch. S. 54) bei den Hebräern auch die Hauptträger der sogenannten weltlichen Bildung waren, in der Zeit vor dem vorexilischen Epitomator des Königsbuchs oft noch viel mehr allgemein historisches Interesse besassen, als dieser zeigt, welchen ich im Priesterstande suchen möchte.

Von besonderem Interesse ist wol für viele Leser eine freundliche Mittheilung des Herrn Prof. Nöldeke in Strassburg, obgleich dieser hervorragende Gelehrte den Untersuchungen über die Chronologie der hebr. Könige jetzt fern zu stehen bekennt. Er schreibt mir, mich dadurch zu aufrichtigem Danke verpflichtend: „Ich kann nicht leugnen, dass ich an den beiden Königslisten doch mehr künstliche Zurechtmachung voraussetze, als man gewöhnlich thut. Dass in beiden Reichen seit der Theilung grade 20 Könige regiert haben sollen, ist doch schon etwas bedenklich, wenn natürlich auch anzunehmen, dass im nördl. Reich mit viel Dynastiewechsel die Durchschnittsdauer der Regierung kürzer gewesen als im südlichen. Durch geschickte Verwerthung oder Nicht-Verwerthung von kurzen und Theilherrschaften liess sich da ja Manches machen. Aber auch die 20 judäischen Könige sind nicht unanfechtbar, da sie grade die Zahl 70 abschliessen:

Adam — Abraham		20
Isaac, Jacob, Levi . . . 3		7
Kahat, Amram, Mose, Josua 4		
12 Richter		12
7 Fremdherrschaften (incl. Abimelech)		7
Samuel, Saul, David, Salomo . . .		4
20 Könige		20
		70

Dazu kommt, worauf mich vor langen Jahren Gutschmid aufmerksam gemacht hat, dass sowohl in Israel wie in Juda je der letzte König, der lange regiert hat, genau so lange regiert, wie seine sämmtlichen Nachfolger. Manasse und Jerobeam II. regieren eben so lange, 55 und 41 Jahre, wie ihre Nachfolger zusammen. Und so ist eben in alter Zeit wol noch mehr an den Zahlen herumgerechnet. Man hatte vermuthlich nicht für alle Perioden genaue Zahlen und ergänzte nun nach Vermuthung oder System. Ungefähr, d. h. auf 20 Jahre wird man das Richtige etwa getroffen haben; für die ältere Zeit (David u. s. w.) wird die Fehlergrenze grösser sein."

Indem ich zur Vergleichung auf Nöldeke's Untersuchungen zur Kritik des A. T. Kiel 1869, S. 16 f. 110 f. 192 f. verweise, sowie auf Dillmann's Genesis ²160 und den ob. S. 65 citirten akad. Vortrag (S. 336 ff.), kann ich nur wiederholen, dass mir ein Schluss von den künstlichen Zahlen des Pentateuchs auf die Künstlichkeit der hebr. Königszahlen nicht statthaft erscheint. Sogar der Leipziger Theologe F. E. König, der trotz seiner tüchtigen philologischen Bildung mit vollem Rechte von Kautzsch als „Vertreter des denkbar strengsten supranaturalistischen Offenbarungsbegriffs" bezeichnet wird (vgl. Harnack's Theol. Lit.-Ztg. 1883 Nr. 9), hat es in Luthardt's kirchlicher Zeitschrift 1883, S. 286 ff. offen anerkannt, dass die für die Chronologie massgebenden Zahlen von Gen. Kap. 5 und 11 künstliche sind, und dass es um die Zeit Christi in den palästinensischen Schulen hinsichtlich dieser künstlichen chronologischen Systeme noch nicht zur festen Einigung gekommen war. Aber was haben diese offenbar künstlichen Zahlen, die für freie Behandlung, d. h. für beliebige grössere oder geringere Ausdehnung der chronologischen Zeitreihe durch Verlängerung oder Verkürzung, allen nur wünschenswerthen Spielraum darboten, mit der verhältnissmässig ganz festen (s. ob. S. 55 f.) Jahrreihe der hebr. Könige zu schaffen? Gewiss gebe ich die Unsicherheit der hebr. Chronologie in der hinter David zurückliegenden Zeit zu. Warum aber soll es nach der Reichsspaltung Perioden geben, in welchen später genaue Zahlen fehlten? Nach R. Smith würden sich von Ahas an abwärts genaue Regierungszahlen eingestellt haben; ich suchte aber zu zeigen, dass es sich hier um ein aut—aut handelt: entweder gab's von den hebr. Königen schon des 10. Jahrhunderts v. Chr. echte Zahlen, oder aber fast alle Königszahlen beruhen auf Vermuthung oder System. Von Theilherrschaften weiss die Geschichte der Reiche Israel und Juda ebensowenig, als von Interregnen und Mitregierungen. Im kleinen Juda war für Theilherrschaften kein Raum; für Israel werden sie durch die starke Centralisation des Reichs (vgl. R. Smith, The Prophets, pg. 197) ebenfalls ausgeschlossen, da mir die angebliche mehrjährige Regierung des Thibni über einen Theil Nordisraels als ungeschichtlich erscheint, s. ob. S. 40 ff. Wenn Nöldeke eine Fehlergrenze von etwa 20 Jahren wahrscheinlich findet, so hoffe ich, dass die jetzt vorhandenen wissenschaftlichen Hülfsmittel zu einer bedeutenden Verkleinerung dieser 20 vollkommen ausreichen, gebe aber gerne zu, dass ein Blick auf die noch so sehr von einander abweichenden Ansichten der heutigen Historiker seine Meinung zu rechtfertigen scheint.

Betrachten wir zunächst die grosse Differenz zwischen Unger und Duncker! Im Rheinischen Museum für Philologie. 35. Band. Frankfurt a. M. 1880, S. 1—38 handelt G. F. Unger über die römischen Gründungsdata. Hier lesen wir S. 30: „Das Gründungsjahr Carthago's stand im classischen Alterthum wenigstens seit Timaios, dem ersten griechischen Erforscher der Geschichte des Westens auf 814/3 v. Chr. fest, s. Chronol. d. Manetho p. 214." Nachdem Unger S. 31 gesagt hat, dass Timaios der älteren griechischen Tradition über das Gründungsdatum von Carthago durch Mittheilung der wahren Zeit, die er in Carthago erfahren hatte, ein Ende machte, heisst es von der Neustadt Tyros weiter: „Sie entstand nach Josephus ant. VIII 3, 1 241 (and. Lesart 240) Jahre vor der Betheiligung Hiroms am salomonischen Tempelbau, welche nach den von Jos. a. a. O. und c. Apion I 17. 18 angeführten tyrischen Annalen 143 Jahre 8 Monate vor der Gründung Carthagos, also 957 v. Chr. stattfand: Neutyros wurde demnach 1198 oder 1197 v. Chr. gegründet." Wenn sich dabei Unger in einer Anmerkung für 957 als Beginn des salom. Tempelbaus (814+143), also für eine so späte Ansetzung von Salomo's Regierung auf die Data der Keilinschriften beruft, welche den Ahab 854 und Jehu 842 erwähnen, so halte ich diese Berufung keineswegs für beweiskräftig und finde 957 für den Tempelbau, also 960 für Salomo's Anfang oder 920 v. Chr. für die Reichsspaltung entschieden zu spät angesetzt.

Während Unger die Reichsspaltung 17 Jahre später fallen lässt, als mir richtig scheint, setzt Duncker (*II 88 ff.) dieselbe umgekehrt 16 Jahre früher und will sich der tyrischen Synchronismen nicht bedienen. Dieser Historiker spricht sich über die Unsicherheit des phönizischen Stützpunktes in folgender Weise aus: „Movers nimmt die Angaben des Menander von Ephesus über die Regentenfolge von Tyros, welche Josephus (c. Apion 1, 18) aufbehalten hat, zum Ausgangspunkt. Josephus sagt: vom Tempelbau, der im zwölften Jahre König Hirams von Tyros stattgefunden, bis zur Gründung Karthago's, die im siebenten Jahre Pygmalions, Königs von Tyros, stattgefunden, seien 143 Jahre 8 Monate verflossen. Movers rechnet nun von dem Datum Justins (18, 7) für die Gründung Karthago's (72 Jahre vor Roms Gründung, 72 + 754), d. h. vom Jahre 826 v. Chr. 143 Jahre aufwärts und setzt demgemäss den Tempelbau auf das Jahr 969 v. Chr., wodurch Salomo's Anfang auf 972 (die Reichsspaltung auf 932) bestimmt wäre. Aber da die zuverlässigeren Angaben über das Gründungsjahr Kathago's: 846, 826 und 816 mit gleichem Anspruch nebeneinander stehen, kann man mit demselben Recht von 846 und 816 v. Chr. zu Sauls Anfang hinaufrechnen." Die Art, wie nun Max Duncker mit Hülfe der hebr. Königszahlen, von welchen er dreizehn ändert, und leider (s. ob. S. 41) auch mit Hülfe des Mesasteines die Chronologie der hebr. Könige auf der Grundlage der assyrischen Zahlen aufbaut, hat mein „Neuer Versuch" in Stade's Zeitschrift auseinandergesetzt. Ich bemerke daher nur noch, dass mir die Gleichung 842 = 1. Jahr des Jehu eine keineswegs so extreme Annahme zu sein scheint, wie ·Dunckers Ansetzung von 853 für das letzte Jahr des Ahab; lag es doch bei Erwähnung des Sieges über Hasael für den Assyrer besonders dann nahe, die gleichzeitige Huldigung des Jehu zu erwähnen, wenn Jehu eben den Thron Joram's bestiegen hatte und das Bündniss mit Assur, wie sein Vorgänger gethan hatte, aufrecht erhielt.

Was die vorhin genannten 3 Gründungsdata Karthago's betrifft, so legte Movers auf das erste keinen Werth und hielt „die Angabe Appian's, dass Karthago bis zur Zerstörung durch die Römer 700 Jahre gestanden habe, d. h. im Jahre 846 v. Chr. gegründet sei" (Duncker ⁵II 90), für um so unglaubwürdiger, als er meinte, dass die beiden andern Data zusammenträfen. Otto Meltzer sollte in seiner werthvollen „Geschichte der Karthager. Erster Band. Berlin 1879, S. 102 f." lieber nicht von einer salomonischen Tempelära sprechen, da die Datirung vom Beginn dieses Tempelbaus (vgl. Stade's Gesch., S. 91) der vorexilischen Zeit sicher noch nicht geläufig war. Wenn aber Meltzer den Tempelbau mit „einem sehr hohen Grade von Wahrscheinlichkeit um das Jahr 990 v. Chr." beginnen lässt, also mit Duncker die Reichsspaltung in das Jahr 953 setzt, so halte ich das für viel zu frühe. Wir lesen bei Meltzer: „Es war eine That, als Movers ohne jede Rücksicht auf altüberkommene Vorurtheile auf dem Wege Licht in das Dunkel einer langen Periode zu bringen versuchte, dass er zum Ausgangspunkt seines Systems das durch eine Ueberlieferung von anscheinend bedeutendem Gewicht gegebene Jahr 826 v. Chr. als gesichertes Gründungsjahr des historischen Karthago nahm, mit welchem die anerkannt timäische, in ihrer Art nicht minder werthvolle Ansetzung auf 814/3 v. Chr. für identisch zu erachten oder vielmehr dahin zu vereinigen sei, dass erstere nach tyrischen Quellen von dem Jahr der Auswanderung aus Tyrus selbst, letztere nach karthagischen Quellen von demjenigen der religiösen Constituirung der neugegründeten Stadt ausgehe". Meltzer ist aber der Ansicht, dass mit der Theorie von Movers nicht auszukommen sei und urtheilt, dass die tyrische Aera „eine Grösse nicht von selbständigem, absolutem Werth, auf Grund deren die übrigen Data zu bestimmen wären, sondern von relativem Werth" heissen müsse.

Ehe ich nun zu der sehr interessanten Beurtheilung übergehe, welche A. v. Gutschmid in Fleckeisens Jahrbb. für classische Philologie (26. Jahrgang. Leipzig 1880, S. 289—299) von Meltzers Werk gegeben hat, das er eine der solidesten Leistungen nennt, die in den letzten Jahren auf dem Gebiete der alten Geschichte erschienen sind, will ich dem Leser kurz aus der Tabelle von Movers, dessen Namensschreibungen ich beibehalte, die tyrischen Königszahlen des Josephus vorlegen:

Hirom	34	Regierungsjahre.	53 Lebensjahre.
Baleazar	7		43
Abdastartus	9		29
Ungenannter	12		
Astartus	12		54
Astarymus	9		54
Pheles	8	Monate	50
Ithobaal	32	Jahre	68
Balezorus	6	(8)	45
Myttonus	9	(25)	32
Pygmalion	47		56

Josephus gibt als Summe der Regierungsjahre vom ersten Jahre Hiroms bis zum 7. Jahre Pygmalions, in welchem dessen Schwester floh und Karthago gründete, aus dem nach tyrischen Annalen abgefassten Geschichtswerke Menanders 155 Jahre 8 Monate an. Als ich ob. S. 18 von leicht zu verbessernden Abschreibefehlern redete, hatte ich die in der Tabelle eingeklammerten Zahlen des Balezorus und Myttonus (8 und 25) im Sinne, mit denen schon Des Vignoles auf Grund des nur die Regierungsjahre, nicht die Lebensjahre gebenden Syncellus die um 18 Jahre zu kurzen Zahlen, welche der griechische Text des Josephus darbietet (137 J. 8 M. statt 155 J. 8 M.), nach der Meinung von Movers richtig verbessert hat. Ich muss es aber nach näherer Ueberlegung gänzlich dahin gestellt sein lassen, wie die Liste der tyrischen Könige mit Hülfe des Rufinus, Theophilus, Eusebius etc. festzustellen ist; vgl. über die verschiedenen Recensionen die „Beiträge" Gutschmids. Lpzg. 1858, S. 15 f. Anm. Wie die strittigen Zahlen auch fixirt werden mögen, daran habe ich nie gezweifelt, dass das Menandrische Königsverzeichniss ausserordentlich werthvoll ist. Folgen wir Movers, so regierte Hirom 980—947 v. Chr., Baleazar 946—940, Abdastartus 939—931, der Ungenannte 930—919, Astartus 918—907, Astarymus 906—898, Pheles 898, Ithobaal 897—866, Balezorus 865—858, Myttonus 857—833, Pygmalion von 832 an, so dass 826 sein 7. Jahr wäre. Die Zahlen 826+143 ergäben also 969 für den Beginn des Salomonischen Tempelbaus, welchen Josephus Ant. VIII, 3, 1 in das elfte, in der Hauptstelle c. Apion. I, 18 in das zwölfte Jahr des Hirom setzt; die letztere Berechnung des Josephus hält Movers für die genauere. Was mich an diesen tyrischen Königszahlen so besonders interessirt, das ist die in dem Zusammensein von Regierungs- und Alterszahlen bestehende Uebereinstimmung mit den Angaben des vorexilischen Epitomators. Ich finde in beiden Quellen Alterszahlen, denn es macht ja im Grunde keinen Unterschied, ob die gesammte Lebensdauer angegeben wird, oder das Alter bei dem Regierungsantritt. Obgleich ich die Reichsspaltung, wie gesagt, 5 Jahre früher ansetze, als Movers that, so dass nach meiner Rechnung Hiroms und Itbohaals Regierungen in 985—952 und 902—871 fallen würden, so bliebe trotz der kleinen Differenz doch noch immer ein genügendes Zusammenstimmen mit dem von Movers betonten Synchronismus, sofern beide Rechnungen der Forderung eines gleichzeitigen Regierens von Hiram und Salomo, sowie von Itbobaal und Ahab (vgl. Movers II, 1, S. 145 f. und Ewald ^{3} III 531 über die Dürre) entsprechen.

Wenn ich jetzt aus Gutschmids Anzeige von Meltzers Buch einige Mittheilungen mache, so ist es nicht meine Sache, die Differenzen zwischen beiden Gelehrten ausführlich vorzulegen und zu prüfen; vielmehr möchte ich zeigen, dass es für uns gerathen ist, die hebr. Königszahlen unabhängig von den tyrischen zu fixiren, mögen diese auch immerhin viel werthvoller sein, als für die ältere hebr. Königszeit nach dem Urtheile berufener Aegyptologen (vgl. meine Anzeige der Geschichte Aegyptens von H. Brugsch in Schürers Theol. Lit.-Ztg. 1877, Sp. 253) die ägyptischen Data sind. Gutschmid äussert sich a. a. O., S. 294 f., nachdem er durch die glänzende Conjectur Ἰτυκαίοις in der Stelle gegen Apion I, 18, 2 wahrscheinlich gemacht hat, dass es Utica ist, das von Hiram wieder zum Gehorsam gebracht wurde, gegen Meltzer folgendermassen: „Dem vf. ist allenfalls auch darin recht zu geben, dass die von Movers versuchte ausgleichung zwischen dem datum 826 und dem Timäischen gründungsjahre 814 einigermassen künstlich ist und bei dem unbekanntsein der epoche von Tyros und der unsicherheit des datums des Salomonischen tempelbaus die begründung der ganzen epochenreihe bis auf die gründung Karthagos herab von tyrischer seite in der that nicht so festgefügt ist, wie Movers annahm. aber den weiteren deductionen des vf. zu folgen bin ich ausser stande und halte an meiner bisherigen, von ihm s. 458 bekämpften ansicht, dass es sich um lauter authentische data handelt, über deren richtige fixierung lediglich in folge der art ihrer überlieferung geschwankt werden kann, fest."

Nun wohl, die eben von mir unterstrichenen Worte Gutschmids drücken genau dasselbe aus, was ich von den Zahlen des vorexilischen Epitomators der biblischen Königsgeschichte behaupten muss; sollte nicht, was den tyrischen Zahlen recht ist, auch den hebräischen billig sein?

In den „Beiträgen" (S. 16) hatte Gutschmid es für möglich erklärt, dass Menandros den Synchronismus von Hiroms 12. Jahr mit Salomo's Grundlegung des Tempelbau's aus den Tyrischen Reichsannalen abgeleitet haben könne; jetzt lesen wir weiter in Fleckeisens Jahrbb. 1880, S. 297: „eine unbefangene prüfung der von Menandros gegebenen zahlen kann nur zu der erkenntnis führen, dass sie zu dem anderweitig festgestellten so gut passen, wie man es von einer durch addition von königsjahren gewonnenen jahrreihe nur immer verlangen kann. der wert oder unwert der vergleichung des 11. oder 12. jahrs des Hirom mit dem jerusalemischen tempelbau, die ich nicht für einen ausgerechneten synchronismus, sondern für eine von Josephos vorgenommene willkürliche übertragung des datums der grossen tyrischen tempelbauten auf die erbauung des Salomonischen tempels halte, kann auf unser urteil über die jahrreihe, welche von der gründung von Tyros auf die von Karthago herableitet, nicht den geringsten einfluss haben: sie beweist lediglich, dass die tyrischen annalen von der gründung bis auf den regierungsantritt des Hirom 229 j., von da bis auf das jahr der gründung von Karthago 155 j. (8 mon.), zusammen also 384 j. (8 mon.) zählten. das scheint allerdings zu wenig; man kann aber noch jetzt mit einiger wahrscheinlichkeit nachweisen, wo der fehler steckt. eine nicht durch willkürliche auswahl beliebiger zahlen, sondern auf dem wege methodischer kritik bewirkte herstellung der liste ergibt, dass die zeit des ungenannten usurpators, mag sie, wie der griechische text hat, auf 12 jahre bestimmt oder, wie dies, wahrscheinlich mit recht, in sämtlichen übrigen texten der fall ist, gar nicht angegeben gewesen sein, in die gesamtsumme nicht eingerechnet ist: diese muss also um 12 jahre, bzw. um eine unbestimmte zahl von jahren erhöht werden."